GEORGES BELL

ÉTHEL

SOUVENIRS D'AFRIQUE

PARIS
LIBRAIRIE DE L. HACHETTE ET Cie

1866

ÉTHEL

IMPRIMERIE GÉNÉRALE DE CH. LAHURE
Rue de Fleurus, 9, à Paris

ÉTHEL

SOUVENIRS D'AFRIQUE

PAR

GEORGES BELL

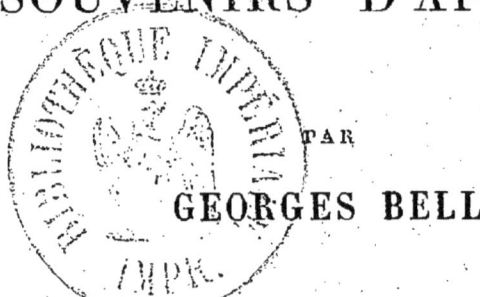

PARIS

LIBRAIRIE DE L. HACHETTE ET Cie

BOULEVARD SAINT-GERMAIN, N° 77

—

1866

Tous droits réservés

A

M. ALEXIS WOLF,

INTENDANT MILITAIRE,
GRAND OFFICIER DE LA LÉGION D'HONNEUR.

Mon cher Intendant,

endant que vous êtes au Mexique, j'inscris votre nom sur la première page de ce livre, sans vous en demander la permission. C'est un souvenir africain que je vous envoie. Puisse-t-il vous agréer. Après le plaisir que j'ai éprouvé à l'écrire, en pensant à vous, ce sera la plus douce satisfaction que

m'aura donnée cette œuvre. En la lisant, vous verrez qu'elle a été composée en grande partie avec des choses que nous avons vues ensemble. Je n'oublie pas que si j'ai pu les voir, et les bien voir jusque dans les plus intimes détails, c'est uniquement à vous que je le dois. Il y a donc de la reconnaissance aussi bien que de l'amitié vive dans le fait de cette dédicace ; il m'a semblé qu'un bon sentiment ne pouvait jamais rien gâter. Et j'ai cédé, en écrivant votre nom, à la première inspiration de mon cœur.

Je me suis attaché dans ce livre à peindre la nature de nos possessions septentrionales d'Afrique avec une vérité que la photographie pourrait envier. Je n'ai voulu ni embellir ni enlaidir ce que j'avais eu devant les yeux. Je laisse ces procédés aux habitudes et au tempérament des écrivains algériens. Ils s'en servent admirablement suivant la bannière sous laquelle ils sont enrôlés ; et c'est bien assez : quelques bons esprits trouvent même que c'est trop. Telle qu'elle est, sans surcharge d'aucune sorte, l'antique terre Numide et Mauritanienne, sur laquelle flotte notre drapeau, m'a paru assez curieuse, assez digne d'intérêt à quelque point de vue qu'on se place. Un autre, plus savant que moi, aurait pu multiplier les détails ethnographiques, remonter jusqu'aux compagnons de Jugurtha et de Massinissa, sans oublier les Vandales de Genséric et les barbares de toute race qui combattaient sous la bannière des Bélisaire et des Narsès, tout cela pour expliquer bien des usages qui se conservent traditionnellement sous la tente ou dans le bordj; il aurait pu faire de même en s'appesantissant sur les richesses naturelles afin d'indiquer l'avenir prospère que tous les esprits impartiaux entrevoient pour cette colonie placée à nos portes, et qui, dans le bassin de la Méditerranée occidentale, complète l'Italie, la Provence et l'Espagne. Je n'ai pas voulu me parer des plumes du paon en faisant, grâce à des emprunts aujourd'hui bien faciles, étalage pompeux de ce que j'ignore. J'ai essayé de composer un tableau, voilà tout. J'y ai mêlé bien des couleurs; mais je me suis permis ce mélange uniquement parce que je les ai trouvées ainsi lorsque j'étudiais sur le vif. Je n'ai recherché qu'une seule et bien simple chose, rare aujourd'hui : être exact.

Tous ceux qui aiment sincèrement l'Algérie et qui l'ont habitée longtemps, comme vous, mon cher Intendant, qui, officier du génie, avez fait les deux expéditions de Constantine, et récemment n'avez quitté l'intendance provinciale d'Oran que pour aller vous mettre à la tête des services administratifs de notre armée au Mexique, tous ceux-là savent et confessent bien haut qu'il n'y a rien de plus dangereux pour nos possessions africaines que les esprits systématiques et absolus. Or, de ces esprits, on en rencontre partout aujourd'hui, en notre ère de liberté, et surtout dans les pays neufs qui semblent leur appartenir par droit d'expérimentation. Ils pullulent dans l'administration, dans la colonisation, et même dans les domaines de l'art et de la science. Concevoir de toutes pièces, puis monter et agencer ce qu'ils ont conçu, sans tenir compte des changements de lieux, de climats, de races, des tempéraments divers, et des phases successives de l'existence humaine, paraît à ces esprits la chose du monde la plus rationnelle, la plus facile à exécuter. Tout ce qui serait obstacle légitime pour d'autres n'existe pas pour eux; ils ont un moyen bien commode d'en venir à bout, ils le suppriment.... sur le papier. Permettez-moi, mon cher Intendant, de vous faire une confession et de la faire fort humblement, comme il convient à un homme de ma sorte : je n'appartiens pas du tout à cette école-là. Je crois qu'il faut avant tout minutieusement observer ce qui est, en chercher, en trouver la raison essentielle; et puis, ne pas cesser d'observer en procédant méthodiquement, — mais pas systématiquement, j'insiste sur le mot, — à la transformation radicale de tout un ordre social que nous prétendons opérer, et cela pour la plus grande gloire des conquérants, en même temps que le plus grand bien-être des conquis.

En Algérie, la France s'est trouvée en face d'un double problème : conquérir et assimiler. Le premier est à peine résolu entièrement depuis quelques années, on ne doit jamais l'oublier et le perdre de vue, ce qu'on est un peu trop porté à faire parmi certains raisonneurs que vous connaissez aussi bien que moi. Nous pouvons même ajouter avec un légitime orgueil que, de toutes les nations de la vieille Europe, la nation française avait seule encore assez de virtualité pour mener à bonne fin une semblable entreprise, en présence des difficultés que faisaient renaître à tout instant les valeureuses populations musulmanes du nord de l'Afrique. Je sais bien que des niais parlent chaque jour de la conquête comme d'un fait accompli depuis 1830, par la prise d'Alger. Mais quoique les niais dans le monde soient en majorité, ce n'est point d'eux qu'il faut s'occuper dans une œuvre sérieuse. Rappelons, pour ceux dont la mémoire serait un peu courte, que la conquête de la Kabylie est postérieure à la campagne de Crimée, et trouvons, dans les convulsions récentes qui ont ensanglanté les provinces d'Oran et d'Alger, un enseignement ; disons à tous qu'il faut encore se tenir bien en éveil au lieu d'affirmer à voix trop haute une absolue et complète pacification.

Quant à l'assimilation, — qu'on l'appelle civilisation, colonisation, peu importe le mot si la chose reste la même, — c'est encore une œuvre plus compliquée et de plus longue haleine que la conquête. Mais les progrès accomplis, surtout depuis une dizaine d'années, et que la malveillance ou la plus insigne mauvaise foi peuvent seules nier, ces progrès, qui frappent à première vue tout œil impartial, permettent d'espérer que sur cet autre terrain la nation française prouvera également qu'elle est la plus vaillante et la plus intelligente des nations européennes. Loin de moi la prétention et même la pensée de dissimuler qu'il a été commis des fautes nombreuses et grossières. Qui n'en commet pas ? Et est-ce donc aujourd'hui seulement qu'a été livrée aux méditations de tous cette parole célèbre : « Que celui qui est sans péché jette au pécheur la première pierre. »

Telle qu'elle est à l'heure présente, l'Algérie nous offre un exemple sans précédent dans l'histoire des colonisations et des colonies. Pour s'en convaincre, on n'a qu'à lire l'excellent rapport qui a clôturé la mission d'enquête confiée à M. de Forcade la Roquette, un ancien ministre qui siége avec honneur au Sénat, ou marche à la tête du Conseil d'État. Qu'on ouvre ce document public et authentique, et on y verra partout cette affirmation que jamais et nulle part ni Anglais, ni Espagnols, ni Hollandais, ni Portugais n'ont fait autant que nous, aussi bien et en aussi peu de temps. Parmi les peuples de l'Europe, voilà cependant ceux qu'il faut regarder lorsqu'il s'agit de manifestations extérieures et d'expansions sur des races étrangères de notre sang vieilli. La France, dans le nord de l'Afrique, est plus avancée que les Anglais dans l'Inde, cette vaste contrée qui s'étend depuis les sommets glacés de l'Himalaya jusqu'aux embouchures pestilentielles du

Gange et l'île merveilleuse de Ceylan, bien que la domination britannique paraisse assise là-bas depuis plus d'un siècle. Il est vrai que nous ne sommes pas des Anglais, heureusement pour nous ; qu'on ne nous verra jamais nous souiller des crimes et des turpitudes que, par deux fois, a solennellement flétris le parlement britannique. Ce qui n'a pas empêché des infamies récentes que je ne veux pas rappeler ; mais ce qui nous permet aussi de dire avec fierté, la tête et le cœur hauts, que nous pouvons déployer nos forces sociales en restant exempts d'envie envers qui que ce soit, et que nous poursuivons un tout autre but que celui des Anglais sur les terres qu'abrite notre drapeau. Le génie des deux peuples si essentiellement divers se révèle tout entier dans ces conquêtes lointaines. Tout en cherchant à fortement accroître le domaine de l'activité nationale, nous voulons surtout éviter de laisser dans les contingents de l'avenir des ferments de dissolution comme ceux qui, sous la politique anglaise, ont amené au siècle dernier la sécession de ces provinces transocéaniques qui sont devenues les puissants États-Unis de l'Amérique du Nord, comme ceux qui analogiquement ont été sur le point, il y a quelques années, d'émanciper le Canada, cette terre où la vieille mère France est toujours regrettée.

Tout cela n'empêche pas les gens, qui aiment les idées et les phrases toutes faites, de dire et de répéter sur tous les tons que nous ne sommes pas un peuple colonisateur, et que l'Anglais seul mérite ce titre, bien que ses plus belles terres lointaines, celles dont la possession fait justement son orgueil, il les ait prises aux Hollandais, aux Espagnols, aux Portugais, et même aux Français. Une colonie bien anglaise, c'est Sierra-Leone. Demandez à l'Angleterre si elle est fière de la prospérité de cette possession africaine. Là, comme dans l'Inde, comme au Cap, comme dans l'Australie et les mers de la Chine, elle n'a pas trouvé le débouché immense qu'elle cherchait pour le trop-plein de son commerce et de son industrie. Mais qu'importe? elle n'a rien épargné pour rendre meilleur le maigre résultat auquel elle est parvenue. Si vous pouviez voir d'un coup d'œil tout ce qu'on a dépensé et ce qu'on a obtenu, vous seriez effrayé, et il y aurait de quoi.

Laissons donc la vieille plaisanterie que j'ai rappelée poursuivre son cours, et efforçons-nous de lui donner un démenti par un fait tellement éclatant qu'elle meure de sa mort naturelle sans espérance de résurrection. J'ai grande confiance que mes désirs ne tarderont pas à devenir des réalités, surtout si les cultivateurs du sol algérien cessent de poursuivre ce qu'ils appellent le produit riche dans des cultures intertropicales, déjà et depuis longtemps fort prospères ailleurs, et de mettre à cette poursuite un acharnement qui leur fait souvent négliger leurs intérêts les plus immédiats. Le produit riche est partout avec un sol qui donne des céréales sans pareilles, qui a la figue, l'olive, le raisin, des ressources végétales et minérales incalculables ; et j'omets à dessein tout ce qu'on peut en tirer de richesses animales, parce que c'est sur les bêtes de tout genre que devrait immédiatement s'exercer l'esprit améliorateur des administrations. Jamais ni l'Espagne, ni l'Italie, ni la Provence n'ont passé pour des pays pauvres. Et qu'ont-ils autre chose? Notez que je n'ai point parlé du lin, du coton, du mûrier, du tabac, parce que je compte bien que ces cultures ne seront point abandonnées, mais au contraire, seront intelligemment conduites, c'est-à-dire appliquées à des terres de premier choix.

Je m'aperçois, mon cher Intendant, que je me laisse aller à bavarder avec vous de toutes ces choses sérieuses, comme si nous étions encore en caravane au milieu des roses de Saïda, devant les cascades d'Aïn-Tifferit ou sous les ombrages de Misserghin, dans cette douce intimité que crée si rapidement la vie du désert. Il en est ainsi chaque fois que ma pensée se reporte aux quelques jours que j'ai passés avec vous sous la tente. Et tout cela vient aboutir à vous offrir un livre où le pittoresque domine, un livre composé bien plus avec les yeux qu'avec la pensée. C'est de cette façon que vont les affaires de ce monde conduites par notre nature multiple et diverse. L'artiste a écrit le livre, c'est le journaliste politique qui le dédie.

Heureusement le cœur n'est pas comme le cerveau, nanti et meublé d'une multitude de casiers. Celui-là se contente de jouer son rôle, qui est de conserver précieusement les nobles amitiés nées d'un hasard de voyage et cimentées d'une manière inaltérable par quelques nuits passées à la belle étoile. Si parfois, au milieu des soucis et des ennuis de votre campagne laborieuse à Mexico, vous pensez aux nombreux amis que vous avez laissés en France, bien loin de vous, croyez bien qu'eux aussi ne vous oublient pas. En première ligne, dans cette remembrance, se place celui qui est et qui sera toujours heureux de se dire,

Mon cher Intendant,

Votre bien dévoué et bien affectionné

Georges Bell.

Paris, 6 mars 1865.

ÉTHEL.

SOUVENIRS D'ALGÉRIE.

ÉTHEL.

SOUVENIRS D'ALGÉRIE.

I

Colonel, est-ce que nous arriverons bientôt? Répondez-moi franchement; ne craignez pas de m'épouvanter. Je suis maintenant aguerrie à vos courses d'Afrique, et je veux avoir votre pensée sincère.

— Avant une heure, madame la comtesse, vous pourrez mettre pied à terre et vous reposer sous une tente dressée à votre intention. Ailleurs, on offre un château où même une chaumière. Ici, la tente remplace le château ou la chaumière des autres pays ; c'est sous un dôme de toile bise qu'on fait connaissance avec l'hospitalité du désert. Elle n'a pas le luxe, vanté dans les comédies et les vaudevilles à la mode, de l'hospitalité des montagnes d'Écosse. Mais enfin telle quelle, la nôtre a aussi son prix et son pittoresque. Elle vaut la peine qu'on la voie de près.

— Je vous dirai, colonel, que j'ai grand'-hâte de quitter cette solitude immense dans laquelle nous chevauchons comme des âmes en peine.

— Déjà?

— Mon Dieu, oui! Depuis Saint-André-de-Mascara nous n'avons pas rencontré âme qui vive. Cette vaste plaine d'Éghris n'en finit pas. Elle me paraissait fort belle quand je la regardais en me promenant sur la terrasse méridionale de votre joli ravin de l'Argoub. A présent, je la trouve d'une monotonie désespérante. Je crois que je vais regretter vos roses, vos géraniums, vos saules pleureurs, vos cactus aux mille fleurs splendides.

— Je dois convenir que rien ne ressemble moins à la végétation luxuriante de Mascara que ces vastes plateaux dans lesquels nous sommes engagés depuis quelques heures.

— Voyez plutôt, colonel : aussi loin que notre œil étend sa vue, nous n'apercevons, je ne dirai pas une habitation, mais pas une tente, pas un homme, pas un troupeau, pas même une bête fauve dont le cri sauvage pourrait au moins nous donner une émotion inaccoutumée et peu vulgaire. Sur notre tête, le ciel est d'un azur merveilleux. L'atmosphère diaphane qui nous environne est d'une transparence et d'une lucidité admirables. Mais à quoi tout cela sert-il, s'il n'y a rien à voir, pas même une ruine, pas même un bouquet d'arbres? Pour m'offrir une fleur, vous avez été obligé de dépouiller les buissons de lauriers-roses qui s'étiolent dans ce désert.

— Dans ce pays, madame, c'est toujours ainsi quand arrive septembre. Cette plaine vient de subir des ardeurs torrides, elle attend les premières pluies de l'automne pour reverdir.

— Mais je crois que nous ne sommes pas loin de l'automne.

— Pour la France, madame; mais pas pour l'Afrique…. Puisque vous regrettez si vivement les fleurs de Mascara et du ravin de l'Argoub, j'ai peut-être mal fait de ne pas vous conduire à la smalah de spahis que nous entretenons à Louissert. Là aussi vous auriez trouvé des roses et un jardin qui vaut bien tous ceux que vous avez vus en Algérie.

— Était-ce bien loin?

— A peu près à mi-chemin de notre

marche de la journée. Nous y passerons au retour.

— Tant mieux. Car je commence à être blasée sur tous ces ravins desséchés que nous traversons.... Un peu d'eau ne nuirait pas du tout à ces pauvres plantes altérées.... Convenez-en, colonel : nous sommes loin des bosquets d'orangers de Blidah, de son bois sacré avec des oliviers de haute futaie, chargés de fleurs aux couleurs étincelantes qui grimpent et se suspendent à toutes les branches avec la flexibilité des lianes dans les forêts américaines.

— Madame, Blidah était appelée par les Hadjoutes la perle parfumée de l'Algérie.

— Oui, je sais.... Il y a même là-dessus le mot d'un poëte arabe qui la compare à la rose....

— *Les hommes te nomment petite ville, et moi je prétends que c'est petite rose qu'il faut t'appeler.* »

La comtesse approuva de la tête cette citation.

« Et Milianah, colonel, avec sa belle source d'eau vive qui répand la fécondité et fait naître une verdure réjouissante à l'œil partout où elle s'épanche.

— Attendez, madame, et vous verrez des spectacles qui peut-être auront le droit de se placer à côté de ceux-là dans vos souvenirs.

— Je vous comprends, colonel. Déjà sur les bords du Chéliff on m'avait dit la même chose. On m'avait promis des merveilles. Dès que j'eus passé le fleuve à El-Kantara, je les réclamai. On me montra le vaste plateau des Attaffs, aussi nu, je n'ose dire aussi aride que celui-ci; on prétend qu'ils sont fertiles tous les deux; et, à son extrémité, la bourgade toute française d'Orléansville. J'avoue que je fus médiocrement satisfaite; je n'aime pas les villes neuves, qui ne disent rien à mon imagination. Parlez-moi de Mostaganem,

avec ses populations mêlées et bigarrées !
On voit bien que la ville nous appartient,
puisque nous y avons construit ces éternelles arcades qui nous font transporter
partout où nous passons notre rue parisienne de Rivoli. Comme si l'imagination
manquait à nos architectes !

— Il est certain qu'imitation pour imitation, ils auraient pu tout aussi bien imiter
l'art Mauresque.

— C'eût été beaucoup mieux, colonel ;
et, Dieu merci ! les bons échantillons et les
bons modèles ne manquent pas à Mostaganem.

— Je vois, madame, que vous aimez la
couleur locale. Je suis comme vous. Je voudrais, autant que possible, que chaque pays
conservât la physionomie qui lui est propre
et n'empruntât point la physionomie du
voisin.

— Nous n'aurions pas cette uniformité
qui vraiment est désespérante dans les constructions qu'on fait de nos jours.

— Heureusement nous n'en sommes pas encore là en Algérie, et pendant bien longtemps, dans nos principales villes, nous aurons un quartier arabe.

— Tant mieux, colonel; nous devrions même conserver la maison mauresque. Avec le climat d'Afrique elle est bien plus commode que les maisons à l'imitation de Paris. Partout où j'ai séjourné, j'ai recherché une de ces anciennes habitations pleines de fraîcheur et faites admirablement pour la vie intérieure. A Mostaganem, j'avais à peu près trouvé mon idéal.

— Je vous avouerai, madame, qu'à Mostaganem je déserte volontiers la ville et me réfugie dans la campagne.

— Oh! la vallée des Jardins est charmante. Sur notre planète, c'est certainement un des coins bénis du ciel.

— Vous verrez Aïn-Tifferit, madame, à l'origine des hauts plateaux d'où sort la Mina, et je suis certain que vous ne regretterez pas vos fatigues de ce jour.

— Je l'atteste, colonel.... je ne demande qu'à admirer. Mais je ne donne mon admiration qu'à bon escient. Et, en conscience, je ne puis accorder des éloges à ce pays plat et nu que vous me faites parcourir aujourd'hui.

— Je regrette d'avoir à vous le dire, madame ; mais dans notre Afrique, c'est presque toujours ainsi, dans la province d'Oran surtout. Cette province a été comparée par un de nos plus jeunes, plus habiles et plus intelligents généraux à une immense peau de tigre, mi-partie fauve et noire. Les mouchetures noires sont les portions fertiles, le reste est le désert.

— Quittons le fauve, colonel, sur lequel nous chevauchons depuis longtemps et passons sur le noir le plus tôt possible.

— Nous voici sur le territoire occupé par les Hachems. C'est une belle et nombreuse tribu, toute composée de gens de vieille race, ce qu'on appelle des Arabes de grande tente. Elle a fourni de nombreux contingents à l'émir Abd-el-Kader pendant notre lutte de quinze ans. Il est vrai qu'Abd-el-Kader avait des accointances et même des parentés avec les principales familles. La terre que nous foulons est aux Hachems de temps immémorial. Le Turc ne l'a jamais pliée que nominalement à sa domination. Aujourd'hui vous la voyez nue et analogue aux terres de vaine pâture. Mais il y a deux mois, elle était couverte de moissons luxuriantes. A cette heure, la récolte est faite et ensilosée; elle a été bonne, à ce que l'on dit, et l'Arabe doit être content, parce qu'il est riche, à sa manière, au moins pour une année. Si vous êtes curieuse de voir un marché arabe au désert....

— Certainement, colonel. Je ne cours pas les grands chemins pour ne pas regarder et surprendre dans leur originalité les mœurs des pays que je traverse.

— Précisément, c'est jour de marché chez les Hachems. Nous ferons un léger détour pour nous y rendre. Ce ne sera qu'un retard insignifiant pour l'arrivée à notre halte du soir. Après ce repos qui ne vous sera pas désagréable, nous tâcherons de réparer le temps perdu. Suspendez donc votre jugement définitif sur cette malheureuse plaine ; ayez patience encore une heure ou deux, et puis nous reprendrons cet entretien où nous l'avons laissé.

— Ce n'est pas la patience qui me manque, colonel.... Vous me rendrez au moins cette justice.

— Celle-là et toutes les autres, madame la comtesse. Vous êtes certainement la plus charmante compagne de voyage qu'un homme puisse rêver.

— Très-bien, colonel. Je vous sais gré de votre galanterie, le compliment est de bon aloi. Mais si nous écartons l'Afrique de notre causerie, de quoi voulez-vous que nous parlions? Les ressources ordinaires du bavardage vont nous faire défaut; nous ne sommes pas ici dans un boudoir parisien.

— Et j'en remercie le ciel. S'il me donnait l'heureux hasard de ce tête-à-tête prolongé, dans votre maison de Paris, je n'oserais jamais vous parler avec la franchise naïve que conseille la nature fruste qui nous environne. »

Un regard expressif accentua cette phrase modulée avec un son de voix d'une douceur infinie, et lui donna une signification intime et pénétrante que certainement, au gré du colonel, la comtesse seule devait comprendre.

« Causons donc, » reprit la jeune femme en arrangeant son voile pour dissimuler l'embarras que lui causait ce regard.

Il est des sujets d'entretien que toute femme redoute d'aborder de front, et surtout dans la solitude. Le colonel était un habile stratégiste, qui savait poursuivre un but avec obstination, et y arriver par toute sorte de voies détournées. Si la conversation, adroitement déviée par une parole de politesse galante, avait suivi le nouveau cours qu'il essayait de lui imprimer, on serait bien vite arrivé de phrase en phrase et presque involontairement sur un terrain brûlant que la comtesse voulait éviter. Elle déployait autant d'adresse que le colonel. Seulement l'habileté féminine consistait à éviter et à fuir le but que l'autre s'efforçait d'atteindre.

« Ce que j'admire le plus, dit la comtesse après quelques secondes de silence, c'est le calme profond, la tranquillité de ce pays dont nous n'avons, pendant si longtemps, entendu parler que dans les bulletins de batailles.

— L'Algérie est aujourd'hui une terre pacifiée sous la domination de la France, qui est redoutée sinon aimée, répondit le colonel, reprenant ce ton de causerie sérieuse dont on ne lui permettait pas de sortir. Sauf de rares exceptions, les tribus arabes de ces plaines ne font plus parler la poudre que dans les fantazzias de leurs fêtes. L'œuvre de la paix a remplacé partout les nécessités de la guerre. Aussi le moment est-il propice pour étudier les mœurs qui se révèlent en dehors de toutes les surexcitations batailleuses. C'est aujourd'hui qu'il faut voir l'Arabe; car ces mœurs disparaîtront peu à peu, et s'effaceront au contact des supériorités de notre civilisation. S'il ne vient pas un de ces grands mouvements insurrectionnels auxquels nous avait si bien accoutumés l'activité infatigable d'Abd-el-Kader, avant dix années ces fanatiques tribus arabes ressembleront à nos paysans de France. On ne trouvera pas en eux plus d'étrangeté qu'aux Bretons ou aux montagnards pyrénéens, et dans chaque centre de population il y aura des indigènes qui se piqueront de connaître Paris à fond et d'être tout à fait dans le mouvement du jour. »

Pendant que le colonel achevait cette longue explication, l'attention de la comtesse qui l'écoutait avec complaisance fut un moment détournée et captivée par le spectacle de deux oiseaux de proie qui, sillonnant l'air à l'orient et à l'occident avec la rapidité sinistre de l'éclair, fondirent ensemble sur la carcasse d'une bête morte abandonnée au désert. C'était l'aigle mi-partie fauve et brun, qui a une tête de hibou, et le gypaète blanc, vulgairement désigné dans ces contrées sous le nom d'aigle des charognes.

Ces animaux, qu'on ne voit guère dans nos climats, s'étaient précipités avec la rage de la faim sur le large festin qui leur était offert par l'insouciance des nomades. Ils formaient un groupe hideux; mais il n'en fallait pas davantage pour rompre la monotonie d'une excursion si rarement incidentée. De leur bec crochu et acéré, ils arrachaient des lambeaux de chair à moitié putréfiée, et les dévoraient avec une gloutonnerie pénible à voir. Ils s'étaient accrochés, chacun de son côté, sur un membre de la bête morte, et assouvissaient leurs appétits voraces sans paraître se soucier de tout ce qui se passait dans le voisinage. Grâce à ce phénomène particulier aux terres que le soleil inonde d'une lumière intense, limpide et diaphane, aucun des mouvements de ces oiseaux de proie n'était perdu pour la comtesse et pour sa suite, bien qu'on se trouvât à une assez grande distance. La caravane tout entière avait fait halte, et l'on regardait avec cette attention qu'on accorde volontiers à tout ce qui peut écarter l'ennui prêt à nous envahir. C'était l'horrible spectacle dont on jouit dans les ménageries à l'heure du festin des carnassiers.

« Voilà un beau coup de fusil, » dit le colonel.

Comme s'il eût vu un ordre dans cette parole, un brigadier se détacha du groupe des spahis qui formaient l'escorte et lança son cheval dans la direction des animaux affamés. Il avait remplacé le long fusil arabe, son arme ordinaire, par un élégant fusil de chasse à deux coups. Pendant qu'il courait au galop à travers ces terres accidentées, il chargea son arme avec des chevrotines comme pour la gazelle. Parvenu à distance convenable, il s'arrêta immobile et pareil à une statue équestre, regarda ces aigles acharnés à leur proie et son doigt pressa la détente comme s'il se fût agi du plus vulgaire des gibiers. Le gypaète atteint à l'aile poussa des cris aigus avant d'expirer. Mais l'aigle à tête de hibou ne se dérangea pas pour si peu et continua de se repaître avec la même voracité. Un second coup de feu l'abattit à côté de son compagnon de festin, et un instant après les deux oiseaux de proie étaient suspendus comme un trophée glorieux à l'arçon de la selle du brigadier, qui rejoignait la caravane de toute la vitesse de son cheval.

« Ceci est de bon augure, dit le colonel en voyant la comtesse disposée à l'écouter. J'aime mieux montrer aux Arabes que nous avons dépensé notre poudre sur des aigles que sur des sangliers ou des lièvres.

— Pourquoi, colonel?

— Parce qu'en tout pays l'aigle est une bête d'élite, tandis qu'à l'endroit du sanglier et du lièvre, l'Arabe a des idées à lui. Il méprise l'un comme immonde et a une crainte superstitieuse de l'autre, surtout quand il le voit courir à sa droite au soleil levant. »

Le colonel aurait pu ajouter que ces idées ne sont pas spéciales aux nomades d'Algérie. On les retrouve en Égypte, en Perse, dans l'Inde, partout où il y a des populations musulmanes. Dans les provinces algériennes, l'Arabe ne chasse le lièvre qu'à coups de bâton. Mais le colonel n'eut pas le temps d'entrer dans tous ces détails. De nouveaux incidents allaient venir rompre la monotonie de cette longue marche à travers les plaines qui séparent Mascara de Saïda.

II

La caravane qui se promenait ainsi dans la plaine d'Eghris, dans la direction de Saïda, se composait de plusieurs personnes amoureuses des excursions en pays neufs. Outre la comtesse de Sumène et le colonel Durand, avec lesquels nous avons fait connaissance, il y avait le docteur Coignet et sa femme, le sous-intendant Masvert et sa fille, belle personne de vingt-deux ans, qu'une étroite amitié unissait à la comtesse. N'oublions pas Octave de Kessigny, jeune et brillant capitaine, qui portait avec une élégance suprême la veste rouge des spahis. C'était le frère puîné de la comtesse de Sumène, qui était déjà mariée lorsqu'il fut admis à l'école de Saint-Cyr. En vertu du droit d'aînesse, elle avait toujours usurpé le privilége de le soigner et de le choyer comme un fils adoré.

Comment s'était formée cette caravane? Quiconque a habité, ne fût-ce qu'en passant, les pays tels que l'Algérie, ne nous adresserait pas cette question. Les amitiés se nouent vite dans des villes où sont rares les gens d'un même milieu social, et elles sont d'autant plus ardentes et plus solides que les relations se concentrent au lieu de s'éparpiller. On vit pour ainsi dire en commun, quoique sous des toits différents. On se voit tous les jours et à toutes les heures du jour. Il en résulte qu'on ne peut plus se séparer, excepté quand il y a nécessité impérieuse. On forme une *smalah*, comme on dit en Algérie. Le moindre prétexte suffit pour la jeter tout entière sur les grands chemins. Dans les pays neufs, il y a toujours à voir mille choses, des accidents pittoresques, des scènes de mœurs, des horizons, des hommes et une nature qu'on n'a pas encore vus, qu'on ne verra jamais si on ne s'empresse de saisir, quand elle se présente, l'occasion par les cheveux. Qu'on ne s'étonne donc point de nous voir reproduire ces conversations qui se tiennent en cavalcadant à travers les vastes solitudes du Tell algérien. C'est une existence excentrique, nous en convenons; mais en Algérie, pour les Européens quels qu'ils soient, il ne saurait y en avoir d'autre.

Depuis plus de trois ans la comtesse était veuve. Après avoir dépouillé les vêtements de deuil et pour échapper à mille ennuis qu'on rencontre dans le monde, dès qu'on ne se condamne pas à une claustration absolue, elle avait voulu se rapprocher de ce frère aimé et était venue habiter nos possessions d'Afrique. En ce moment, quoiqu'elle eût légèrement passé la trentaine, c'était une femme superbe dont les formes opulentes s'épanouissaient dans toute leur splendeur. La tête, en perdant ces premières grâces juvéniles et virginales que rien ne remplace, avait acquis une expression pleine de charme. Les yeux parlaient en même temps que la bouche, et le trait qu'ils lançaient, dirigé par une pensée ferme et sûre d'elle-même, avait toujours sa portée et manquait rarement le but. En même temps l'esprit avait également pris son entier développement. L'intelligence cultivée de la comtesse lui permettait de se mêler à toutes les conversations et de s'y intéresser.

Telle que nous venons de l'esquisser en quelques traits, cette femme devait nécessairement trouver en Algérie de nombreux adorateurs. Il y a dans ce pays beaucoup d'hommes distingués que des préoccupations urgentes ont toujours envahis à l'heure où l'on songe sérieusement à unir sa destinée à celle d'une compagne. Qu'une occasion favorable se présente, et ils sont tout prêts à réparer cet oubli, à combler cette lacune de leur existence. Ils sont même d'autant mieux disposés qu'ils connaissent tout le prix du temps perdu pour le bonheur, et dès qu'ils sentent leur cœur battre à ces douces émotions que donne la vivacité des sentiments affectueux, ils se montrent d'une ardeur sans égale, tant ils ont hâte de rattraper ce temps qui derrière eux fuit à tire-d'ailes.

Parmi ces courtisans, nul ne se montra plus délicatement empressé et assidu que le colonel Durand. C'était un de ces vaillants soldats, comme en ont tant formé nos luttes africaines. Ils passent par toutes les épreuves, en conservant intacte une âme éternellement jeune. Tous ses grades, le colonel Durand les devait à des actions d'éclat, et il avait conquis les derniers sur les champs de bataille de Crimée et d'Italie. Nous pouvons le peindre d'un mot en nous servant d'une expression militaire : depuis sa sortie de l'École d'état major, il n'avait touché qu'une seule *entrée en campagne.* Cela veut dire qu'il n'avait jamais passé une année entière sans être sur le pied de guerre. Or, à ce rude métier, si le corps s'use quelquefois, le cœur reste intact.

Il n'y avait pas à s'y tromper, le colonel était amoureux de la comtesse de Sumène. Mais, en homme qui a passé l'âge des folies (il avait quarante ans), s'il recherchait adroitement toutes les occasions de faire connaître les sentiments qui agitaient son cœur, de faire agréer ses hommages, il ne voulait pas s'exposer à échouer misérablement comme un écolier.

Chargé d'une mission spéciale dans les tribus arabes qui dépendent de Mascara, le colonel n'avait pas eu de peine à déterminer de jeunes femmes aventureuses à faire ces excursions avec lui. Pour elles, c'était une occasion unique de satisfaire leur curiosité avec une entière sécurité. Pour lui, c'était habilement se donner la chance de nombreux entretiens avec la femme qui paraissait créée pour son bonheur. Et qui sait l'avenir? Dans ces longues conversations au désert, qui pouvait dire ce qui allait se passer? Le cœur épris ne saurait toujours garder son enveloppe diplomatique. Dans cet ordre d'idées, le colonel entrevoyait mille perspectives riantes. L'espérance agitait devant lui ses fantômes et ses séductions, comme à travers les nébulosités d'un rêve. Un mot, bien dit à propos, peut contenir tant de choses, un regard tant de promesses! Mais encore faut-il que ce mot soit prononcé, que ce regard jaillisse de la prunelle comme un trait de flamme. Et au désert, comme dans un salon parisien, il faut qu'il y ait provocation, seulement les distractions sont supprimées, et rien ne vient vous ravir le moment opportun. Ces pensées remplissaient de joie le cœur jeune et ardent du colonel, et, naïf comme un écolier, il se disait que, si on détachait le voile transparent des timides aveux, la bravoure du soldat reprendrait le dessus, et l'on hasarderait une demande en mariage.

Le colonel montait un superbe étalon du Hodna, qu'il avait ramené de la province de Constantine. Sa robe presque rose ajoutait au prix de ce remarquable animal, qui pouvait supporter toutes les fatigues de la marche et de la guerre, ce qui le rendait doublement cher à son maître. Intrépide amazone, la comtesse de Sumène galoppait sur un cheval à la robe noire comme l'ébène. L'agha de Frendah avait obtenu ce beau produit en croisant sa jument de guerre avec un de ces *buveurs d'air* que fournit le désert saharien. Dans un jour de largesse, il avait fait cadeau de cette bête superbe au colonel. Le reste de la caravane montait également des bêtes de choix, nées chez les Harars ou sur les bords de la Mina et du Chélif.

Le luxe des chevaux est un de ceux qu'il ne faut jamais dédaigner, si l'on veut être regardé et traité avec considération par les Arabes que l'on visite.

Bien que chacun eût déclaré vouloir faire la route à cheval, le colonel avait eu la précaution d'amener avec lui une voiture pour recueillir à l'occasion les dames fatiguées. En outre, dans les provisions et les bagages portés par des mulets, il y avait de ces cacolets dont l'utilité et la commodité sont reconnues par tous ceux qui ont voyagé, loin des villes, dans les hauts plateaux algériens.

Une escorte de douze spahis complétait la caravane et lui donnait un aspect imposant. Ces cavaliers, avec leurs beaux costumes indigènes flottant au vent, caracolaient éparpillés dans la plaine à portée de la voix, et semblaient fiers du service qui leur était imposé.

Tous les officiers français, sous le burnous de fine laine blanche, portaient la tunique et le képi militaires. A leur cou ou sur leur poitrine, suivant les grades, brillaient les insignes de la Légion d'honneur. Depuis qu'ils ont appris à nous connaître sur les champs de bataille, les Arabes ont un respect tout particulier pour ces signes extérieurs de la valeur d'un homme.

On avait quitté Mascara avant l'aube. En voyant, aux premiers rayons du soleil, ce beau et pittoresque convoi dans la plaine d'Eghris, la comtesse n'avait pu retenir le cri d'admiration qu'on donne toujours à ce qu'on voit pour la première fois; mais, depuis plusieurs heures, elle était blasée sur ce spectacle. Après le déjeuner, qu'on avait pris en riant sous un figuier stérile rencontré par hasard, elle attendait avec impatience des incidents nouveaux pour leur donner son attention.

Dans ces circonstances, la proposition de visiter un marché arabe, dans le voisinage, devait être accueillie avec enthousiasme.

S'il faut tout dire, le colonel avait parfaitement compté sur ce sentiment si naturel de curiosité, lorsqu'il avait réglé la marche de la journée, en dédaignant une forêt qui se trouve dans le voisinage de Louissert. Les Hachems étaient une des tribus qu'il devait visiter, et il accomplissait un devoir en ayant l'air de faire une galanterie.

Un cavalier était parti au galop pour avertir les Hachems de la visite inattendue qui se dirigeait vers eux.

On avait depuis longtemps perdu de vue cet homme, et cependant rien ne paraissait encore dans le lointain. C'était toujours la même monotonie plate. Enfin, aux limites extrêmes de l'horizon, on put distinguer un amas confus de points blancs qui se détachaient vigoureusement sur le fond terne et grisâtre de l'uniforme tableau. Cette blancheur éblouissante des tentes indiquait le campement du marché. En avançant encore on aperçut de toutes parts, dans la plaine des Arabes, hermétiquement enveloppés dans leurs lourds burnous, qui, soit isolément, soit par groupes de quatre ou cinq, se dirigeaient tous vers le même point. Ils allaient d'un pas rapide à travers les palmiers nains, les lauriers roses des torrents sans eau, les buissons épineux des jujubiers chargés de fruits, les hautes asphodèles qu'ils courbaient et écrasaient insoucieusement. Les provisions qu'ils apportaient au marché ne ralentissaient nullement la vitesse de leur allure, et, de fait, quand on put examiner de près en quoi consistaient les échanges, les Européens constatèrent que, dans la charge de chacun, il n'y avait certes pas de quoi fatiguer un homme. Mais l'Arabe est ainsi : pour vendre un couffin de fruits, il fera une dizaine de lieues. Le temps n'existe pas pour lui. La vie insouciante qu'il mène l'habitue à ne jamais s'en préoccuper. Puis, il aime les réunions nombreuses, et cet homme, que des raisons hygiéniques obligent sans cesse à changer de place, n'est jamais plus heureux que lorsqu'il trouve un prétexte pour satisfaire ses instincts de sociabilité.

La comtesse avait repris toute sa gaieté du départ. Cette animation subite d'une plaine naguère si morne l'avait rendue tout entière à son heureux naturel. Elle s'amusait de tout ce qu'elle voyait, et quoiqu'elle dût être habituée depuis longtemps aux allures arabes, elle faisait des remarques piquantes sur tout ce qui se passait devant ses yeux, absolument comme une Parisienne qui se trouverait subitement transportée à l'entrée d'une fête foraine en Bretagne, en Alsace, en Auvergne, en terre basque ou en Languedoc, derniers pays de France qui aient conservé une physionomie originale.

Heureux de cette métamorphose, le colonel encourageait l'hilarité de la jeune femme et l'alimenta jusqu'au moment où un œil exercé aurait pu compter les tentes des Hachems. Alors prenant un ton sérieux, quoique encore léger :

« Si vous m'en croyez, madame la comtesse, dit-il, vous quitterez le cheval et monterez dans la voiture avec ces dames, auxquelles je donne le même conseil.

— Pourquoi, colonel?

— Vous verrez, madame. Mon cavalier d'ordonnance va vous faire une calèche découverte.

— Non pas, colonel. Pour ma part je ne quitterai la selle que lorsque j'aurai le sens de l'ordre que vous nous donnez à titre de conseil.

— Si j'avais le droit de vous donner des ordres, madame, reprit le colonel en riant, vous ne résisteriez pas et vous ne me demanderiez pas d'explication, car ici, nous autres soldats, nous sommes maîtres souverains.

— Ah! voyez-vous! colonel, c'est donc un guet-apens?

— Non, madame, mais je crois que si vous ne l'avez jamais vu, ce qui va se passer mérite de fixer votre attention. Il ne faut pas que vous soyez embarrassée par le soin de contenir votre cheval, qui, en vrai fils du désert, est toujours plein de fougue et d'ardeur, et pourrait bien oublier un instant d'obéir à la main qui le guide. Dans la voiture vous jouirez mieux et sans le moindre danger du spectacle qui va vous être offert. Je suis signalé et reconnu. On va venir au-devant de moi. Vous verrez tout le cérémonial des réceptions arabes.

— Ceci est une raison, colonel, et je me rends. »

Et la comtesse sauta lestement à terre, et, relevant sa robe de cheval, alla prendre la place qu'on lui réservait dans la voiture.

Ces paroles étaient échangées à moins d'un kilomètre du camp des Hachems. On distinguait à merveille tout le bruit et tout le mouvement qui se faisait autour des tentes du marché. Une animation semblable à celle qu'on remarque autour des ruches d'abeilles avait subitement remplacé le silence profond du désert. On voyait que l'homme était là avec tout ce qui caractérise sa vie.

Des cavaliers parurent bientôt à l'entrée du camp, sur la ligne des premières toiles dont la blancheur éclatante étincelait à l'horizon. Les uns portaient le manteau rouge, signe du commandement militaire. D'autres avaient un haïk noir jeté sur leurs burnous. Derrière ceux-ci venait un groupe assez nombreux que rien n'aurait pu faire distinguer, sinon les armes reluisantes au soleil qui pendaient à la ceinture des cavaliers, ou à l'arçon de la selle. Épandus en large éventail dans la plaine, de manière à couvrir un vaste espace, ils s'avançaient dans la direction des voyageurs et stimulaient l'ardeur de leurs chevaux comme s'ils avaient à prouver leur zèle en témoignant une grande hâte d'arriver.

La course de ce goum à travers les lentisques et les palmiers nains était d'un pittoresque qui arracha plusieurs fois de petits cris d'admiration à la comtesse. Mais le colonel n'était plus là pour jouir de son triomphe. Il s'était mis à la tête du convoi, accompagné par les officiers et les spahis ralliés à la voix de leurs brigadiers. La voiture ne figurait qu'au troisième plan, de façon, néanmoins, à ce que la comtesse et ses compagnes de voyage ne perdissent rien des scènes qui allaient se passer.

L'agha des Hachems avait lestement vidé les étriers sans prendre la peine de quitter le galop qui est la plus belle allure du cheval arabe. Jetant la bride par-dessus la tête de l'animal, il avait quitté la selle. Le cheval s'était arrêté net avec la docilité intelligente que l'on a déjà bien souvent remarquée dans ces nobles amis et auxiliaires infatigables de l'homme des déserts. Tous les cavaliers de la tribu imitèrent l'exemple donné par leur chef. Quant à celui-ci, laissant sa suite à quinze pas derrière lui, et marchant avec la gravité d'un Jupiter

4

Olympien, il se portait respectueusement à la rencontre du colonel.

« Je connais cet agha, disait la femme du docteur, je l'ai vu plusieurs fois à Mascara, c'est Kaddour. Il a fait sa fortune en combattant sous notre drapeau avec une bravoure sans égale. On m'a dit qu'il n'appartenait pas par la naissance à ces grandes et puissantes familles dont la généalogie régulière remonte tellement haut qu'elles pourraient en remontrer pour l'orgueil héraldique à bien des barons allemands et des palatins hongrois. C'est tout simplement ce que nous appelons en France un soldat de fortune. Il jouit toutefois parmi les siens d'une grande réputation. On raconte de lui mille traits qui, d'un autre, paraîtraient fabuleux.

— Il est bien laid, disait Mlle Masvert; mais il a une fière mine.

— Sa laideur est toute virile, mon enfant, reprenait la comtesse. Et il y a dans sa démarche une distinction souveraine qui s'allierait mal avec la beauté telle que nous la comprenons. Vous n'avez pas besoin de me dire que c'est un guerrier d'élite, il n'y a qu'à le voir, ainsi que nous le voyons dans ces plaines sauvages, pour en être convaincu.

— Voyez, madame, le colonel et lui vont échanger le salam, c'est ainsi qu'ils nomment le salut de bienvenue dans leur langue. »

Les deux groupes, en effet, se rapprochaient de plus en plus. Encore quelques pas et l'agha touchait le colonel. C'était un homme de grande taille, dont le visage, bronzé par le soleil, était couvert de balafres et de tatouages, ce qui ajoutait encore à sa laideur normale. Ses beaux vêtements étaient naturellement drapés avec un art qui aurait fait envie à un statuaire. Au reste, sa physionomie ne trahissait nullement les pensées de son âme. Son œil était froid, ses traits immobiles comme ceux du sphynx antique. Rien qu'à le voir, on devinait qu'il avait en estime singulière toute sa personne, et considérait les hommes qui le suivaient et ceux qu'il avait laissés autour des tentes comme appartenant à des races inférieures. Tout en lui sentait le chef et l'habitude du commandement.

Après avoir échangé les paroles ordinaires du salam, Kaddour prit la main du colonel Durand qui était resté à cheval et la porta tour à tour à ses lèvres, à son front et sur son cœur. Il renouvela la même politesse pour tous les officiers et donna à peine un regard furtif à la voiture des femmes. La curiosité indiscrète est un vice inconnu aux hautes classes arabes, et leur galanterie n'a pas encore pris les licences de la nôtre. Quant à la comtesse et à ses compagnes, elles ne perdaient aucun de ces détails et croyaient à une de ces scènes de naïveté touchante, comme on en rencontre dans les âges et chez les peuples primitifs. Il n'en était pas de même des officiers français. Habitués depuis longtemps aux formes de la courtoisie arabe, ils n'avaient garde de se montrer sensibles à ces déférences et de perdre leur impassibilité. Ils savaient que ce n'étaient là que des banalités polies et les prenaient froidement pour ce qu'elles valaient. Des frontières du Maroc jusqu'à celles de la Tunisie, devant quelque chef indigène qu'ils se fussent présentés, ils auraient été reçus de la même façon. Chaque pays a ses formes d'urbanité : elles ne frappent l'œil et n'attirent l'attention que lorsqu'on ne les connaît pas.

III

Quelques minutes après, les cavaliers remontèrent à cheval et s'éparpillèrent à droite et à gauche pendant que l'agha restait auprès du colonel. La comtesse était émerveillée de l'animation que jetait dans ces solitudes la rencontre d'un peuple guerrier, et, avec sa vivacité française, elle ne pouvait se lasser d'admirer le cortége au milieu duquel la caravane européenne opérait son entrée dans le marché des Hachems, dont Kaddour allait faire les honneurs au colonel Durand.

Le campement était établi avec une régularité qui indiquait au premier coup d'œil que, si la vie du désert se complait à l'état nomade, elle n'est pas néanmoins exempte d'une certaine civilisation rudimentaire qui ne peut manquer de se développer et de se compléter au contact des supériorités européennes. Les tentes étaient disposées avec symétrie, et le camp tout entier était disposé en plusieurs quartiers, suivant la nature des marchandises mises en vente et pour la plus grande facilité des échanges et des transactions. Les fruits et les légumes frais, tassés dans des couffins dont on découvrait légèrement l'orifice, se vendait d'un côté, les bêtes d'un autre. Plus loin, l'orge et le froment, et côte à côte les blés, les graines sèches. Dans un autre coin, les armes. Ailleurs, les ferrailles, les laines, les tissus, les étoffes, les vêtements, les cuirs, les chaussures, les instruments et ustensiles de toutes sortes, en grès, en bois ou en métal. Il y avait le même ordre que dans un vaste bazar urbain. Seulement le bazar avait aussi tous les caractères d'un caravansérail en plein vent.

N'eussent été l'étrangeté pittoresque des costumes qu'on voyait, du langage guttural qu'on entendait, des chameaux lourdement accroupis et balançant leur vilaine petite tête et leur bouche éternellement ruminante à l'extrémité d'un cou onduleusement démesuré; n'eussent été les chevaux retenus au piquet auprès des tentes, courbant la tête mélancoliquement entre les jambes et s'ombrageant de leurs longues crinières flottantes, les ânes et les bourricots dépouillés de leurs chargements et de leurs bâts, et, dans leur bonheur ne cessant de fendre l'air de leurs cris discordants; les barbiers ouvrant leurs boutiques à tout venant et rasant les têtes avec une dextérité merveilleuse, en ayant soin de respecter le bouquet de Mahomet à l'extrémité du sinciput; les écorcheries en plein vent et les feux de bivouac où l'on rôtissait un mouton entier au bout d'un épieu ; les cafedjis dont tout le monde en passant réclamait la marchandise tonique et à l'arôme pénétrant, n'eût été tout cela, on aurait pu se croire dans quelque foire européenne, surtout telles qu'on les voyait encore, il y a quelques années, dans le midi de la France, aux grands jours de Beaucaire et de Maubourguet.

Nous sommes très-fiers des merveilles de notre civilisation contemporaine, et nous avons raison. Mais nous oublions un peu trop souvent les étapes diverses par lesquelles elle a dû successivement passer. Nous oublions surtout avec trop de facilité les siècles nombreux de luttes et d'efforts en tous genres qu'il nous a fallu traverser avant d'arriver où nous en sommes. Les foires célèbres de Leipsick en Allemagne, de Nijni-Nowogorod en Russie n'ont pas plus d'ordre et de régularité qu'un marché arabe sur les frontières méridionales du

Tell. Les transactions s'y opèrent identiquement de la même façon. Les nomades de nos possessions africaines en sont encore au moyen âge. Donnons-leur quelques années et ils nous rejoindront.

— La comtesse de Sumène n'avait jamais vu d'aussi près l'existence arabe. Elle se réjouissait de toutes les singularités qu'elle pouvait prendre sur le vif. Tout ce dont elle était entourée la charmait et l'intéressait; tout était pour elle texte et matière à observation.

Au centre du camp, avait été réservée une esplanade qui permettait de voir d'un coup d'œil tout ce qui se passait dans l'agglomération improvisée.

Là, plus élevées, plus belles, plus confortablement établies que celles du commun de la tribu, se voyaient les tentes de l'agha, de sa famille, de sa maison; de tout ce qui touchait et participait à son autorité. L'étendard déployé indiquait le siége du commandement. Dans un coin retiré, le cadi, escorté de son secrétaire et de ses chaouchs, écoutait les doléances, assis sur le sol nu et les jambes croisées devant lui. Il vidait les différends et rendait la justice en égrenant entre ses doigts un rosaire bizarre et marmottant des versets du Coran. Son prétoire était ouvert et abordable à tous. Chacun pouvait venir devant ce magistrat respecté porter ses plaintes et ses griefs et réclamer le libre exercice de ses droits. Tout était sommaire et expéditif. Mais lorsqu'on prend l'équité pour guide, il ne faut pas y regarder de trop près.

Kaddour avait ouvert sa tente aux étrangers qui le visitaient, et aussitôt les serviteurs apportèrent des pipes et le café. Tout le monde était grave et silencieux; et l'agha lui-même attendit qu'on l'y invitât avant de prendre la liberté de s'asseoir devant ses hôtes d'un moment. Mais toutes ces façons cérémonieuses ne tardèrent pas à être une gêne et une contrainte pour la comtesse. D'ailleurs, elle connaissait la mission du colonel, et en le laissant seul avec l'agha, elle crut lui rendre service et lui faciliter l'accomplissement de ses devoirs.

Appuyée au bras du docteur Coignet, elle se mit à parcourir le marché, entraînant après elle tous ses compagnons de voyage et marchant avec la même aisance et la même liberté que dans une promenade au bois de Boulogne ou au Jardin d'essai à Alger.

« Quel dommage que je ne connaisse point la langue arabe, disait-elle en s'arrêtant devant tout ce qui lui paraissait curieux et intéressant à voir.

— Rien ne vous sera plus facile que de l'apprendre, madame.

— Oh! non, ce n'est pas cela. Je voudrais la savoir aujourd'hui. Il me semble que je serais heureuse de me mêler aux conversations de tous ces Bédouins.

— Ce serait beaucoup d'honneur que

vous leur feriez, reprit le docteur; je n'oserais pas affirmer qu'ils seraient en état de le comprendre.

— Voilà bien comment vous êtes tous! Sous son apparence de légèreté, le Français méprise quiconque n'a pas ses mœurs, ses habitudes, ses manières de voir, et n'exprime pas ses idées dans l'unique langue qui lui soit familière.

— Quelle erreur est la vôtre, madame la comtesse, surtout quand vous appliquez de semblables opinions à ce que nous avons fait, à ce que nous faisons encore en Algérie.

— Je ne demande qu'à rentrer dans le vrai, docteur; instruisez-moi.

— La chose n'est pas facile. On ne s'instruit guère que par expérience. Mais croyez bien, madame, que vous n'apprendriez pas grand'chose dans tout le cliquetis de paroles qui frappe vos oreilles. Les mots qu'on échange dans les trafics sont à peu près partout les mêmes, et ces Arabes parlent comme on parle à la halle.

— Je me suis souvent amusée en parcourant un marché de province.

— Sans doute. Dans le pittoresque qui vous environne, vous pouvez également trouver un sujet de distraction : vos yeux sont récréés, c'est beaucoup; mais votre intelligence ne gagnerait rien à comprendre ce que disent entre eux tous ces Bédouins. Leur grossièreté ne tarderait pas à vous révolter.

— L'apparence extérieure est bien trompeuse alors, car les gestes et la tenue de ces hommes sont fort décents et révéleraient plutôt une certaine noblesse....

— Madame, les langues orientales ont une liberté que la nôtre ne supporterait pas.

— Soit, j'accorde tout ce que vous voudrez sur la langue : les hommes s'arrangent toujours pour avoir raison.... Mais comment faire alors pour connaître à fond ce pays?

— Voilà longtemps que je l'habite, madame. Comme médecin, j'ai pénétré sous la tente du chef et du dernier homme de la tribu. J'ai vécu de leur vie pendant des mois entiers. J'ai pu les étudier et les observer à loisir. J'en suis arrivé à cette conviction que l'Arabe est un enfant doué de qualités et de vices nombreux, avec la force de l'homme et toutes ses passions.

— De telle sorte qu'il faut avec lui se conduire comme avec l'enfant, c'est-à-dire s'occuper activement de son éducation?

— C'est l'œuvre difficile à laquelle on travaille aujourd'hui.

— Avec succès?

— Oui, madame, grâce à des efforts persévérants. La France est moins légère qu'on ne se plaît à le répéter dans tous les livres. Elle a conduit la conquête de ce sol, qui, dans quelques années, aura retrouvé sa vieille splendeur du temps des Romains, avec une obstination qui aurait lassé et épouvanté la gravité de toutes les autres nations européennes. Vous pouvez m'en croire, madame. Quoique portant l'habit militaire, je ne suis pas soldat ; je marche à côté, et par esprit de corps, je n'ai besoin de flatter personne. Or, je vous le déclare, nous avons le droit d'être fiers de notre œuvre. La France et l'Europe civilisée, si la jalousie ne l'aveugle pas, nous doivent de la reconnaissance. Tous les jours des obstacles nouveaux surgissaient. On a tout vaincu jusqu'à soumission et pacification complètes. Aujourd'hui nous soutenons un autre genre de lutte. Nous en sortirons victorieux comme de la première. Où vous passez aujourd'hui, madame la comtesse, nous avons pendant bien des années rencontré les guerriers les plus vaillants qui soient peut-être sous le ciel, qui ne se laissaient point décourager par la défaite, et qui, vingt fois battus, vingt fois ont recommencé la lutte. Et nos petits-fils viendront y chercher vainement des nomades et la vie du désert. La maison remplacera la tente, et les fils de ces Bédouins seront des villageois. »

La comtesse écoutait attentivement toutes ces explications qu'on lui donnait. Femme souverainement intelligente, comme toutes les natures aristocratiques, elle savait s'intéresser à tout ce qu'elle voyait, à tout ce qu'on lui disait, pourvu que paroles et spectacle sortissent du domaine de la vulgarité. Avec le colonel Durand, elle était quelquefois gênée pour interroger. Les hautes fonctions de l'officier supérieur lui imposaient certaines réserves diplomatiques qu'elle savait respecter. Avec le docteur, elle se trouvait plus à son aise. Et comme celui-ci était en toutes choses un observateur sagace, tout en regardant, en cherchant à deviner et à comprendre, elle mettait largement à profit l'expérience du médecin.

En causant ainsi, l'on avait successivement parcouru toutes les rues du marché, et l'on se rapprochait des tentes de l'agha.

Les pensées sérieuses émises et développées par le docteur ne pouvaient faire oublier le pittoresque, qui joue un si grand rôle dans la vie, pour les femmes surtout.

Les yeux de la comtesse ne se lassaient pas de voir, et elle s'arrêtait chaque fois qu'une chose nouvelle venait la frapper. L'Arabe ne s'étonne pas du tout de cette curiosité familière. Lui-même, quand il parcourt nos villes, suspend volontiers sa marche indolente devant tous les spectacles qu'il rencontre.

Les hasards de cette promenade conduisirent tour à tour — et devant le café, où l'on put voir les joueurs accroupis en face d'un damier, spécial aux populations musulmanes, et le conteur débitant ses histoires à un auditoire somnolent, — et devant le barbier, auquel chaque jour de marché donne un surcroît de besogne. Assis à l'orientale sur le rebord d'un lit de camp, bas et étroit, celui-ci recevait gravement ses pratiques, posait leur tête sur ses jambes croisées et promenait habilement sur la surface du cuir chevelu le petit couteau à large et courte lame qui lui servait de rasoir. Pour rendre à cet instrument toute sa puissance, le barbier arabe se contentait de le repasser de temps à autre sur la plante de ses pieds nus, absolument comme les nôtres promènent quelquefois leurs rasoirs sur la paume de la main.

Après le barbier et près des tentes de l'agha, ce furent les lutteurs arabes qui captivèrent l'attention des dames européennes. Sur la vaste esplanade, des adolescents se livraient à cet exercice qui est le jeu favori de toutes les grandes fêtes. Le torse entièrement nu, les deux champions couraient l'un sur l'autre. Arrivés à n'être plus séparés que par deux ou trois pas, ils s'arrêtaient, et au lieu de s'enlacer poitrine contre poitrine comme dans la lutte grecque, ils cherchaient à se frapper du pied sur la nuque pendant qu'ils pirouettaient sur l'autre pied. Les bras ne jouent aucun rôle dans cet exercice. Quand on le voit pour la première fois, il faut une explication pour bien comprendre l'adresse qu'il exige. Mais dès qu'on en connaît le mécanisme, on ne tarde pas à se passionner pour l'un ou l'autre des jouteurs.

Avant de rentrer sous la tente de l'agha, la comtesse eut encore à subir les musiciens et les baladins arabes. Toute tribu a sa troupe. Les tambours, qu'on frappe avec une baguette recourbée en forme de crosse, ne se mirent pas de la partie. Mais les fifres aux sons aigus se firent bientôt entendre, et à cet aigre appel accoururent les danseurs qui s'agitent lentement sur leurs talons, en accompagnant les mouvements rhythmés de leur corps des sons rauques d'un instrument qu'ils portent sous le bras. Cet instrument se compose d'un long tube de poterie recouvert à l'une de ses extrémités d'une peau de mouton parcheminée. En frappant cette peau avec les doigts étendus des deux mains, on en tire une musique sauvage qui, nous devons le dire, ne fut pas ce qui, dans ce marché arabe, fit le plus de plaisir aux oreilles délicates de la comtesse de Sumène et de ses compagnons de voyage.

IV

LUS d'une heure s'était écoulée à étudier ainsi les mœurs des indigènes algériens sur le vif. La comtesse ne se fatiguait pas et elle n'aurait pas été la première à songer au départ. Mais le colonel n'était pas homme à s'attarder inutilement dans ces vastes plaines. Il voulait se trouver à Tifferit avant la tombée de la nuit, et pour aller de la tribu des Hachems jusqu'auprès de la cascade marquée pour le campement du soir, il y avait à traverser des solitudes presque aussi nues, presque aussi désertes

que celles qu'on avait traversées dans la matinée.

Il est vrai que cette halte chez Kaddour pouvait fournir un sujet d'entretien, et les êtres intelligents savent, par la causerie, abréger les plus longues routes et rendre moins pénibles la marche des heures.

« Colonel, dit la comtesse quand elle se retrouva dans la plaine sur son bel étalon de Frendhah, on m'a dit merveille de ce grand chef que nous venons de quitter, Kaddour, je crois. Y a-t-il longtemps que vous le connaissez ?

— Depuis que je sers en Afrique, madame la comtesse. Je l'ai vu à côté de nous dans nos dernières guerres contre l'émir Abd-el-Kader.

— Et c'est un vaillant entre les vaillants ?

— Madame, Kaddour est la bravoure faite homme. Si l'on voulait citer un trait de lui, on ne saurait lequel choisir, tant il y en a qui sont devenus légendaires sous la tente. Dans les cafés maures de Mascara, de Mostaganem et d'Oran, les exploits de Kaddour sont racontés par ces beaux diseurs dont vous avez pu voir un échantillon en passant. Au reste, c'est à cette grande réputation qu'il doit la belle position qu'il occupe et qu'il a justement et noblement conquise, car il est complétement le fils de ses œuvres. Kaddour s'est fait tout seul, par son audace et son mérite. Il est sans ancêtres et le premier de sa race. Je crains fort qu'il n'en soit également le dernier.

— Pourquoi cela, colonel?

— Parce qu'il élève fort mal ses enfants. Il ne comprend pas que les Français veulent détruire d'une manière absolue les rapines traditionnellement reconnues comme légitimes par les Arabes. Il voit l'avenir toujours semblable au passé, et chaque jour cependant amène des modifications profondes qui devraient le faire réfléchir. Mais il est vieux, et la vieillesse n'aime à changer d'idée dans aucun pays, ici moins qu'ailleurs.

— J'aurais cru, d'après vos paroles, que Kaddour était dévoué aux intérêts de la France.

— Personnellement il ne fera jamais rien qui puisse le compromettre à nos yeux. Il nous aime et nous craint. Les ordres qui lui sont envoyés, il les exécute avec la ponctualité et la loyauté du soldat. Si un crime est commis sur le territoire soumis à son commandement, il nous aide à le poursuivre et à le punir, comme pas un. Mais.... mais....

— Colonel, vos réticences ne m'instruisent pas du tout.

— Il y a beaucoup de *mais*, madame, quand on parle de l'agha Kaddour et de son avenir.

— A Paris, colonel, je pourrais peut-être vous comprendre à demi-mot; mais ici, je l'avoue sans fausse honte, j'ai besoin que vous soyez plus explicite.

— Il est probable qu'à Paris, madame la comtesse, vous n'auriez à donner qu'une oreille distraite à ce qui fait l'objet de nos plus sérieuses préoccupations.

— Et pourquoi cela, monsieur?

— Parce qu'à Paris, madame, les distractions abondent. Il y en a de tous les genres et pour tout le monde. Et là, comme ailleurs, les journées n'ont que vingt-quatre heures.

— Détrompez-vous, monsieur, c'est surtout à Paris que vous trouverez les femmes soucieuses de tout ce qui peut intéresser l'avenir de leurs proches, de leurs parents, de leurs frères, de leurs amis. Paris n'est qu'une ville de passage. Si elle contient beaucoup de mal et de légèreté, c'est de là que s'éparpille dans le monde tout ce qu'il y a de bon et d'éternellement vrai.

— Excusez-moi donc, madame, et laissez-moi revenir sur ces réticences.

— Volontiers, colonel, d'autant plus que vous parliez de sentiments intimes et d'éducation. Ces regrets-là m'intéressent toujours.

— Heureux privilége, madame....

— Vous disiez donc que Kaddour élevait mal ses enfants?

— C'est-à-dire qu'il leur a donné l'éducation qu'il a reçue lui-même, au temps où les Turcs d'Alger assuraient leur domination en fomentant des haines et entretenant des zizanies perpétuelles entre les tribus. Ces jeunes gens sont plus habiles à se venger d'un ennemi, à dérober une arme ou un cheval à trente lieues de leur douar qu'à succéder à leur père dans le commandement des Hachems. Pour eux, la nuit n'a pas de mystères. Ils ont toutes les qualités des plus rusés malfaiteurs. Durant la guerre, les hommes de cette trempe nous étaient fort utiles. Nous les opposions à des ennemis qui pensaient et agissaient comme eux. Aujourd'hui, je crains beaucoup que ce genre d'idées ne soit plutôt nuisible qu'autre chose à notre cause.

— Colonel, vous m'avez dit que ce Kaddour était d'une bravoure à toute épreuve.

— Madame, son intrépidité était la terreur de ses ennemis.

— Dites-moi donc l'un de ses exploits. Cet homme m'a intéressé par sa prestance grandiose. Je tiens à le connaître plus intimement.

— Voici ce que j'ai vu, madame.... Dans une de ces mille rencontres où nous avons eu à combattre les troupes de l'émir Abd-el-Kader, aux environs de Tifferit, où nous serons bientôt, entre Tiaret et Saïda, Kaddour s'était aventureusement porté en avant de nos colonnes, presque seul, en éclaireur. La fusillade l'avertit que l'ennemi n'était pas où il le cherchait, et il revint sur ses pas pour nous rejoindre. Ce n'était pas facile. Il fallait que Kaddour passât sur le corps d'un groupe de réguliers qui, dès qu'ils l'aperçurent, s'acharnèrent après lui. Tous les fusils furent déchargés sur ce cavalier isolé. Une balle l'atteignit à l'épaule et le bras droit fut mis hors de service.

« Les soldats de l'émir l'avaient reconnu et criaient avec rage : « C'est Kaddour ! Prenons-le vivant ! » Mais lui, superbe sur son cheval, ne se laissait pas approcher, et les plus ardents payèrent de leur vie l'audace de s'être trouvés à portée du sabre qu'il maniait de la main gauche. Par ses manœuvres, il avait éparpillé les réguliers. Enfin, rassemblant ses forces pour un dernier effort, il cria à son tour : « Voilà Kaddour ! » et, d'un élan furieux, il précipita son cheval au plus épais de la mêlée, culbuta tout ce qui se trouvait sur son passage, sema la mort et le désordre de tous côtés, et revint se mettre à la tête de son goum pour combattre encore jusqu'à ce qu'il n'y eût plus un ennemi sur le champ de bataille.... Alors seulement il se souvint de sa blessure et appela le chirurgien. Voilà les actions de cet homme, madame la comtesse. Pensez-vous qu'il ait volé sa réputation?

— Non, colonel, et je commence à penser comme vous : il est regrettable que de pareils hommes ne laissent pas des fils dignes de succéder aux honneurs conquis par leurs pères. »

Ces conversations empêchaient la comtesse de Sumène de remarquer maint et maint accident de végétation et de paysage qui indiquaient le passage dans une autre zone et marquaient la transition. Le colonel n'avait garde de signaler ces changements. Il voulait laisser à sa charmante compagne de voyage tout le plaisir de la découverte et de la surprise. De grandes compagnies de tourterelles grises, des couples de perdrix rouges emménagées comme au printemps se levaient sous les pas des chevaux et allaient se remiser dans des buissons verts qui égayaient l'horizon à de courtes distances. Le palma-christi commençait à étaler ses larges feuilles dont on pourrait croire que la fée des capricieuses arabesques a découpé les riches dentelures. Çà et là, la monotonie des halliers de lauriers-roses sauvages était rompue par quelques bouquets d'euphorbes, de fenouils gigantesques, de chênes et d'oliviers rabougris. La plaine d'Eghris, si triste au commencement de septembre, était loin derrière les voyageurs. On entrait dans un monde nouveau.

En ce moment, parvenu à la limite de son évolution quotidienne, le soleil, prêt à disparaître à l'occident, dardait ses rayons obliques sur cette campagne et l'inondait de ces tons jaunes, chauds, vigoureux, veloutés, qui caractérisent les derniers feux du jour. C'était un de ces spectacles splendides devant lesquels on tombe, presque malgré soi, dans une contemplation muette et l'on se recueille pour écouter les pensées intérieures qui viennent d'un monde supérieur.

La comtesse de Sumène devait inévitablement subir le charme qu'exercent de pareils phénomènes sur tous les êtres intelligents. Dès qu'il vit que la curiosité de la jeune femme cessait d'être démonstrative, le colonel s'éloigna délicatement et la laissa seule, plongée dans une rêverie délicieuse. L'heure de l'expansion était passée, et celle où l'on aime à rentrer en soi-même en face des merveilles inconnues de la création était venue, non pas à l'improviste, mais peu à peu, et de façon à ce que l'être tout entier glissât sous le joug. La retraite du colonel était pleine de tact et révélait chez lui un exquis sentiment de tout ce qui peut plaire à la femme aimée, de tout ce qui en elle doit être respecté. C'est la suprême galanterie que comprennent seules les organisations d'élite. Les femmes qui les inspirent ne se trompent jamais à de semblables manifestations. D'instinct elles les devinent et les aperçoivent. La comtesse et le colonel étaient dignes l'un de l'autre.

Ces adorations silencieuses durent peu;

la moindre circonstance est l'occasion du réveil de l'âme et la rappelle à la vie ordinaire.

Un bruit inaccoutumé troubla soudain le silence profond et le calme mélancolique qui régnaient souverainement dans ces solitudes. Il était long, continu, monotone et cependant assez violent pour arriver de fort loin à l'oreille au milieu de la placidité universelle. La comtesse écouta et ne parvint pas à se rendre compte. Ce n'étaient ni les cris d'une bête fauve égarée, ni les plaintes des gazelles traquées par un ennemi sanguinaire. Le vent ne soufflait d'aucun point de l'horizon. C'était un mystère qui par sa persistance et sa continuité donnait de l'irritation et de l'agacement à l'esprit.

La jeune femme rappela auprès d'elle le colonel qui feignait de surveiller par lui-même si tout était bien en ordre dans le convoi.

« Colonel, lui dit-elle avec sa vivacité

habituelle, quel est ce bruit sourd, permanent, que nous entendons depuis quelques minutes, là, sur notre gauche ?

— N'ayez aucune inquiétude, madame, c'est le bruit d'une cascade charmante, au pied de laquelle nous serons confortablement campés avant la nuit close.

— Ah ! c'est notre gîte qui s'annonce ainsi par ce grondement lointain ?

— Oui, madame la comtesse. Si nous avions une bonne route nous pourrions y arriver en quelques élans de galop. Votre cheval et le mien ne demanderaient pas mieux que de quitter l'allure paisible que nous leur donnons, mais, vous le voyez, le chemin est à peine frayé.

— Je ne suis point outre mesure pressée d'arriver, colonel.

— Tant mieux, madame; quoique nous soyons attendus, il vaut mieux que nous arrivions tous ensemble, et les mulets de notre convoi marchent avec une sage lenteur.

— Le paysage est devenu magnifique depuis quelques instants ; je garderai un long et profond souvenir de ce coucher de soleil, jamais je n'ai rien vu de plus beau. Il y a dans tout ce qui nous environne un grandiose qui fait oublier à l'homme sa petitesse. Dès que nous admirons avec adoration, nous ne comparons plus, nous devenons grands, nous aussi, par la pensée et par le sentiment. Ce qui est petit, c'est ce que nous avons laissé derrière nous, ce qui grouille dans les villes peuplées d'inquiétudes.... Colonel, comment appelez-vous cette belle plante que nous rencontrons depuis quelque temps, avec ses larges feuilles dentelées ?

— C'est le palma-christi, madame.... les pharmaciens en tirent l'huile de ricin.

— Ah ! et celle-ci ?

— C'est un euphorbe, et de la pire espèce. Nos bêtes elles-mêmes le redoutent et s'en éloignent avec dégoût et effroi. Si vous coupiez une de ses tiges, vous en verriez sortir en abondance un lait fétide qui est un poison des plus subtils.

— L'euphorbe.... Il faudra que je retienne ce nom-là. Car je crois avoir vu des plantes semblables dans les environs de Paris.

— Il y en a en effet, madame la comtesse, dans les bois de Meudon, par exemple.... Mais, rassurez-vous ; là, ils ne sont pa s dn gereux.

— Comment cela, colonel?

— Je l'ignore, madame. C'est un des mystères que le soleil prodigue sur notre planète, et il ne nous en donne pas l'explication. Notre intelligence doit se déclarer satisfaite après la constatation du fait. Ce n'est du reste pas la seule plante qui se comporte ainsi. Beaucoup d'autres, absolument innocentes sous le ciel un peu froid de Paris, ici, avec nos ardeurs solaires, deviennent des poisons mortels.

Pendant ces explications, on gravissait insensiblement de petits mamelons qui, d'étage en étage, conduisent à la première série de ce que les géographes algérien appellent les Hauts-Plateaux. C'est la région qui sépare les plaines du Tell du grand désert saharien, où l'on ne trouve plus que du sable et, partout où l'eau peut sourdre à la surface du sol, des oasis couvertes de palmiers.

Arrivé sur la crête dénudée de l'une de ces éminences, le colonel arrêta brusquement son cheval, et la caravane entière fit halte.

V

Le fracas de l'eau brisée en tombant avec force sur les rochers parvenait distinctement à toutes les oreilles, et la comtesse ne put retenir un cri d'admiration devant le spectacle qui s'offrit à ses yeux. Par delà un rideau de térébinthes superbes apparaissait la cascade d'Aïn-Tifferit. La nappe unie et limpide au sommet de la chute ne tardait pas à se diviser et à se couvrir d'une écume blanche et floconneuse, légère comme ces marabouts de soie que les femmes emploient pour leur toilette. Ces masses argentées se précipitaient et disparaissaient dans un gouffre de verdure resplendissante, après avoir, dans leur course furieuse, sillonné le flanc des rochers qui conservaient éternellement les tons jaunâtres de l'argile. L'ensemble de ces couleurs était net, franc, harmonieux.

Comme pour faire contraste, à droite et à gauche on voyait des sommets éraillés qui se détachent en festons noirs derrière les tons jaunâtres et vaporeux des monticules semblables au premier aspect à de grosses dunes de sable. Çà et là des lambeaux de rochers se dressent sur les éminences. De loin on dirait des groupes de dolmens, comme ceux qu'on voit en Bretagne près de la baie des Trépassés. Cette configuration caractéristique a valu à ce coin pittoresque le nom de *Pierres-Longues* sous lequel il est désigné par les indigènes.

Au cri d'admiration de la comtesse, tous les regards s'étaient portés du même côté. Le colonel jouissait de l'enthousiasme universel. Il avait calculé son temps pour arriver où l'on se trouvait juste au moment où ces accidents d'eaux, de verdure et de terrains s'étalaient dans toute leur splendeur. Car, si toute heure a sa beauté dans la création, il faut, pour le plein succès des combinaisons dans lesquelles cette beauté réside parfois, un concours de circonstances qui n'empruntent rien au hasard. Il appartient à l'esprit observateur de l'homme de les chercher et de les connaître.

Le colonel avait un de ces triomphes qui récompensent toujours les efforts de l'intelligence, et qui sont mille fois plus doux quand le cœur peut en réclamer une bonne part.

Avant de disparaître entièrement à sa limite occidentale, le soleil envoya ses derniers rayons sur la colline de Tifferit. Pendant quelques minutes les eaux parurent au sommet comme une gerbe éblouissante de diamants du Brésil, et plus bas revêtirent la blancheur mate et brillante des perles du plus bel Orient.

« Avec fort peu d'imagination, dit Octave de Kessigny, on pourrait, dans cette cascade, telle que nous la voyons, trouver l'image d'une statue de pagode indienne. Les eaux formeraient les colliers massifs de pierreries qui tombent en ondulations fantastiques sur des chairs bronzées et cuivrées comme les terrains jaunâtres de ces montagnes.

— Vous êtes poëte, mon cher capitaine, répondit le docteur.

— Moi! pas le moins du monde.

— N'importe : votre image me plaît précisément parce qu'elle est poétique et en même temps vraie, ce qui ne saurait être de trop ; et si jamais je suis nommé membre de la commission algérienne de géographie, je ferai donner à cette chute d'eau le nom de cascade de la Pagode. »

Cette saillie du docteur excita une hilarité générale et donna de la gaieté à tout

le monde pour la dernière étape du voyage.
Car le colonel s'était déjà remis en marche à
la tête de la colonne. Il n'y a point de crépuscule en Algérie, la nuit succède au jour
avec une grande rapidité. Le colonel voulait avoir planté sa tente et établi un bivouac avant que les premières étoiles parussent au firmament. On avait encore
une demi-heure de jour, il fallait se hâter
d'en profiter.

La comtesse n'avait pas fait attention à
un mot que le colonel avait jeté en passant
dans la conversation : il vaut mieux que
nous arrivions tous ensemble. Cette parole
n'avait point été prononcée à la légère. Un
cri strident avertit bientôt les vieux Africains des périls que pouvait présenter une
marche nocturne. C'était la note terrible
et lugubre qu'envoyait au soleil couché la
panthère avant de se mettre en chasse. A
ce cri les chevaux effrayés s'arrêtèrent;
l'oreille exercée des spahis ne s'y trompa
point, et leurs yeux, malgré l'ombre nais-

sante, cherchèrent l'ennemi fauve aux limites de l'horizon.

En trois bonds de son cheval, le colonel eut massé et serré la caravane. De sa voix de commandement, il ordonna en arabe le silence et la prudence aux spahis. Un regard lui suffit pour se faire comprendre des officiers qui l'accompagnaient. Puis, il revint prendre sa place auprès de la comtesse, et de sa voix la plus douce :

« Ce cri, dit-il, nous avertit que la nuit est tout proche. L'orfraie du désert ne se trompe jamais dans ses augures. »

Pour toute réponse, la comtesse régla le pas de son cheval sur celui du colonel.

L'agha des Chérabas avait été exact comme un soldat, et tout était prêt à Tifferit pour donner au colonel Durand et à sa suite l'hospitalité du désert.

Les tentes avaient été dressées dans une prairie naturelle qui s'étendait au pied de la cascade. De beaux arbres ombragent le sol et lui versent de la fraîcheur pendant les ardeurs torrides. A l'extrémité, une végétation luxuriante cache les lèvres du ravin profond qui donne un lit à la Mina, lorsqu'elle se transforme en fleuve indolent. On dirait que le lieu a été préparé tout exprès par une main prévoyante pour servir de halte de voyage.

Mais ni la comtesse, ni ses compagnes ne se sentaient disposées à regarder attentivement ce qui les entourait. Elles étaient accablées de toute la lassitude de cette longue course, et, à peine arrivées, elles goûtèrent avec délices quelques instants de repos. C'était ce qu'il y avait de mieux à faire en attendant le souper. Car, selon la méthode arabe, l'agha des Chérabas était venu au-devant de ses hôtes avec de nombreux serviteurs qui s'étaient distribué la besogne de manière à permettre à tous les Européens de se délasser. Les uns soignaient les chevaux et les mulets, et les attachaient au piquet qui devait les retenir avec sécurité pendant toute la nuit. Les autres s'occupaient des bagages, et, sous la direction d'un seul brigadier de l'escorte, portaient dans chaque tente tout ce qui pouvait être nécessaire ou utile à chacun des voyageurs. Plus loin, et à l'écart, sous les arbres, des feux vifs annonçaient le travail des femmes auxquelles en tout pays appartient de droit la cuisine. On entendait leurs conversations qui arrivaient au campement européen comme un murmure lointain mêlé à tous les murmures harmonieux de la plus splendide des nuits africaines.

Les salutations faites, l'agha s'était confondu parmi ses serviteurs, promenant partout l'œil du maître, gourmandant toutes les activités, prévenant toutes les négligences. Un hôte est chose sacrée plus encore sous la tente du désert que partout ailleurs. Le recevoir dignement est une fête dont toute la charge incombe à ceux qu'il visite. Or, l'agha des Chérabas avait dû, pour cette circonstance solennelle, secouer fortement l'indolence naturelle à toutes les populations du désert; car, outre le colonel Durand et sa suite, il attendait encore, d'un instant à l'autre, une seconde visite de distinction, et le hasard pouvait réunir le même soir les deux caravanes au pied de la cascade dans Tifferit.

La tente du colonel avait été réservée pour le repas. Il parut bientôt, apporté avec une pompe primitive qui ne manquait pas de grandeur. Un grand coffre renversé avait fourni une table basse et grossière autour de laquelle le colonel et toute sa compagnie s'étaient rangés un peu au hasard, la comtesse auprès du docteur, Octave de Kessigny auprès de Mlle Masvert; on avait pour siége le gazon qui couvrait le sol. Six Arabes, porteurs de torches de cire jaune, éclairaient cette scène. Ils avaient la pose et l'immobilité des statues lampadaires; et, dans leurs longues draperies, on aurait pu les prendre pour l'œuvre de quelque artiste du désert, n'eussent été les grands yeux noirs et brillants qui animaient leur face bronzée. Ils voyaient, mais pas un pli sur les muscles de leur visage, pas un geste de leur corps n'indiquaient qu'ils prissent autrement part à cette scène.

Précédant ses serviteurs, l'agha déposa lui-même devant ses hôtes les moutons entiers qu'il détachait des épieux à l'extrémité desquels ils avaient été rôtis avec un art dont les Bédouins nomades ont seuls la tradition ; puis chacun mit la main à l'œuvre en arrachant au flanc des bêtes de longues lanières de peau admirablement rissolée qui excitait, en le satisfaisant, l'appétit des convives. Les officiers, habitués de longue date à toutes les exigences de la vie hasardeuse du désert, s'acquittaient avec une aisance parfaite de cet exercice. Mais il n'en était pas de même des femmes. Novices dans l'art de manger avec les doigts, elles paraissaient regretter les couteaux et les fourchettes auxquels elles étaient accoutumées. Il fallut venir à leur aide avec des ustensiles que le hasard seul mettait à la disposition des moins imprévoyants. Les petits services qu'on leur rendait à droite et à gauche égayèrent un repas fort en dehors de nos habitudes quotidiennes. Ce fut bien autre chose, quand vint le couscous sans lequel il n'est point de festin chez les Arabes. On le servit dans un grand vase d'argile qui aurait pu contenir la nourriture de cinquante hommes. Chacun s'arma d'une cuiller de bois et mangea, à même le plat, comme à la gamelle, suivant sa faim. Les experts creusaient un trou et tassaient méthodiquement les granulations du couscous pour les imbiber d'une façon convenable du liquide qui servait de liaison.

La comtesse s'amusait beaucoup de ce repas du soir dont elle n'avait aucune idée : si elle ne riait pas, c'était uniquement parce qu'on l'avait avertie de l'étiquette et du cérémonial chez les Arabes. Or, pour rien au monde, elle n'aurait voulu offenser la gravité de ses hôtes. Mais elle avait des mots charmants qu'elle adressait au docteur, au colonel, à ses compagnes de voyage. Elle comparait avec un esprit joyeux ce qui se passait en ce moment sous la cascade d'Aïn-Tifferit avec les gaietés champêtres que se permettent, aux grands jours, les ménages parisiens sous les ombrages de Meudon et de Ville-d'Avray. Et certes, nous devons le dire, en fin de compte, la victoire ne restait pas du côté de nos mœurs civilisées.

L'esprit français ne donne jamais sa démission. Aussi bien que l'héroïsme chevaleresque, il est au fond de notre caractère national. On en trouve trace dans tous les actes de notre vie. Si les hommes sont tentés d'introduire trop de sérieux ou de morosité dans nos mœurs présentes, les femmes seront toujours là pour nous rappeler les grandes traditions paternelles. C'est avec un perpétuel sourire sur les lèvres que nos ancêtres ont accompli toutes les belles actions que l'histoire nous dit d'admirer. C'est avec ce sourire qu'ils ont donné au nom français un cachet de bonne grâce et d'aménité dont nous avons le droit d'être fiers. Sachons donc conserver ce noble héritage. Sous prétexte de distinction, n'imitons personne. Nous risquons, au contraire de perdre ce qui a fait notre gloire dans le passé, ce qui peut encore être un précieux élément de force dans l'avenir. Jamais l'ennui n'est entré dans le bagage d'un Français; ne l'y mettons pas. A l'exemple de la comtesse de Sumène et de ses compagnes, même devant les circonstances extravagantes d'une excursion pittoresque, ne nous montrons pas rechignés, ne faisons pas les renchéris. C'est le moyen sûr de conserver nous-mêmes de nos pérégrinations, et après nous de laisser à nos hôtes, d'excellents souvenirs.

Il est vrai que si les Chérabas observaient ce qui se passait sous la tente du colonel. ils durent être satisfaits de l'honneur qu'on faisait à leur *diffa*. Pour les vieux Africains, il n'y avait là rien d'extraordinaire; mais pour des femmes habituées à tous les raffinements du luxe, c'était méritoire, on en conviendra.

Au café, le colonel pria l'agha de prendre place à la table hospitalière. Le chef accepta cette invitation, qui était un honneur venant d'un chef tel que le colonel. Mais la tasse de café lestement absorbée, il se leva, et la veillée du bivouac commença.

VI

Nul ne comprendra jamais la splendeur des nuits dans les régions chaudes, s'il ne lui a été donné de les contempler de ses yeux. Les grandes constellations peuplent le firmament de myriades d'étincelles diamantées et laissent tomber sur la terre des lueurs incertaines d'une douceur et d'une sérénité ineffables. Aucune agitation ne trouble la placidité grandiose de l'atmosphère. Les bruits qui parfois se font entendre ont quelque chose de solennel et de religieux; on sent que la vie n'est pas, ne saurait jamais être éteinte dans cette puissante nature : elle n'est qu'endormie, et le spectacle de ce repos emporte l'homme qui en jouit dans les régions de l'extase et du ravissement.

Le repas du soir avait fait oublier à la comtesse et à sa société les fatigues d'une journée de marche accablante. On se couvrit de fourrures, de lourds et longs vêtements de laine chaude. Ainsi enveloppé, chacun put venir s'asseoir autour d'un grand feu de bivouac qu'alimentaient des troncs entiers de vieux chênes et d'oliviers enlevés à la forêt voisine. La flamme claire égaye la veillée, et, pendant que les intelligences rêveuses demeurent plongées dans les plus douces ivresses de la pensée, les causeurs et les conteurs profitent de l'occasion pour se débarrasser de toutes les idées qui traversent leur cerveau et leur imagination.

Octave de Kessigny et le docteur avaient entamé une discussion scientifique à laquelle de temps à autre l'intendant Masvert mêlait son mot. La Flore algérienne faisait l'objet de cet entretien plus intéressant que la plupart de nos commérages de salon.

« Malgré votre opinion, docteur, et toute la déférence que je lui dois, disait le jeune capitaine de spahis, je ne puis croire que nous verrons jamais dans nos jardins et dans les campagnes de cette Afrique aujourd'hui française toutes les fleurs des tropiques.

— Vous vous trompez, capitaine, le climat et le sol sont favorables ; avec des soins et de la patience on vient à bout de tous les progrès. Nous en avons accompli bien d'autres.

— Sans doute.... Je les reconnais aussi bien que qui que ce soit, et je sais rendre justice à tous.... Mais nous n'avons pas de bosquets de tulipiers aux fleurs jaunes.

— Nous pourrions en avoir et nous en aurons un jour.

— J'ai cherché pendant plus d'une heure, tantôt, un buisson de malvisia. On m'avait dit que j'en rencontrerais dans ces régions. La malvisia est une fleur charmante. J'en aurais fait un bouquet pour chacune de ces dames. Je suis persuadé qu'elles m'auraient su gré de ma galanterie.

— Je n'en doute pas, dit l'intendant, ma fille aime beaucoup cette fleur.

— Tiens ! Et où mademoiselle Masvert a-t-elle conçu cette belle passion ? reprit le docteur. Je ne connais point de malvisia dans toutes nos possessions du nord de l'Afrique.

— Nous en avons vu quelques plants au jardin d'essai à Alger.

— Où ils sont sans doute au milieu d'avicennas, de plumérias, de mimosas, de naucléas, d'élodeas, tous les *as* que la science tient en réserve pour la réjouissance de nos neveux dans l'avenir.

— Moquez-vous, capitaine, cela fait du

bien. En attendant, vous bivouaquez ce soir sous un superbe catalpa dont la fleur en clochette veinée de pourpre et d'or a bien son mérite. Vous remplissez votre jardin de magnolias et de daturas aux senteurs d'une suavité pénétrante. Il est vrai que cet enclos chéri est à Mascara. Encore un *a* que vous pouvez ajouter à votre collection.

— Bravo, docteur! ceci est de la bonne plaisanterie, dit Octave. Mais si je suis sous un catalpa, vous êtes sous un sycomore. J'aime beaucoup le nom de cet arbre.

— Tenez-vous-en au nom. Car le végétal qu'il désigne aurait fort à faire pour devenir beau.

— Pour moi, dit l'intendant, je préfère à ce sycomore popularisé pour les besoins de la rime par une fort belle phrase d'opéra, l'érable jaspé, dont je crois apercevoir quelques échantillons dans la pénombre. L'arbre et le nom sont également jolis.

— Certainement, reprit le docteur. Au

lever du soleil, quand nous pourrons regarder à l'aise cette campagne et en examiner le détail, je vous ferai remarquer le saule qui semble agiter des paillettes d'argent à tous ses rameaux, et, à côté, des chênes au feuillage d'un vert émeraude ; un peu plus bas, nous trouverons le hêtre empourpré qui affectionne les terrains humides et ombreux. Cette infinie variété, c'est la nature qui nous la donne sans efforts. Aidons-la un peu avec notre art et notre intelligence. Nous pouvons faire dans toutes les zones une véritable terre promise de notre Afrique.

— C'est pour cela que nous ne devons jamais nous lasser de répéter : N'arrachez pas, plantez des arbres, dit le capitaine.

— Mais pour que les arbres poussent, répondit l'intendant, il faut de l'eau, et nous n'en avons guère dans toute cette ancienne régence barbaresque.

— Ah! voilà bien l'éternel cercle vicieux avec lequel aiment tant à jouer les grands raisonneurs! Ayons des arbres et nous aurons de l'eau; ayons de l'eau et nous aurons des arbres; on ne veut pas sortir de là. En Égypte, non plus, à part celle du Nil, on n'avait pas d'eau; la pluie était un phénomène tellement rare qu'un orage était à l'occasion considéré comme un signe de la colère céleste. Rappelez-vous ce qui se passa, au dire des historiens, lors de la révolte du Caire, sous la domination française, en 1799. Un orage éclata, et les révoltés, frappés de terreur, jetèrent leurs armes et invoquèrent Allah. Eh bien! on a fait des plantations, et aujourd'hui il pleut au Caire tout autant qu'à Paris. Et personne ne se plaint de la pluie sous un ciel fort semblable au nôtre.

— Votre argument n'est pas concluant; il y a toujours le Nil.

— Je le sais bien. Aussi n'avez-vous encore que le commencement de ma pensée. Et tenez, ce n'est pas pour rien que j'énumérais tout à l'heure au docteur tous ces noms de plantes en *a;* je m'attendais à ce qu'il me répondît par une bonne plaisanterie sur les noms en *us*, et je préparais ma riposte. Quoique l'attaque ne soit pas venue, je n'étoufferai pas celle-ci. Parmi les plantes en *us*, il en est une qui peut être le salut de l'Algérie, et le salut prompt, presque immédiat.

— Ah !... et quelle est cette plante merveilleuse ?

— C'est l'*Eucalyptus globulus* que les Anglais, toujours prompts à débaptiser et à rebaptiser, appellent aussi le gommier bleu de Tasmanie.

— Je ne connais cela que de nom, dit le docteur.

— Quant à moi, dit l'intendant, je suis moins avancé; je ne connais ni le nom ni la chose.

— C'est un myrte indigène des îles du grand Océan, de l'Australie et de la terre de Van-Diémen. Rassurez-vous, son pays de provenance originaire doit vous dire assez qu'à l'œil il ne ressemble en rien aux myrtes de nos contrées. C'est un arbre gigantesque, et, avec un arbre qu'on a trouvé en Californie et dont le nom m'échappe, on peut dire qu'il est le plus grand des végétaux connus dans notre création. Il n'est pas rare de lui voir dépasser cent, mètres d'élévation, et on exploite d'immenses forêts où les branchages feuillus ne commencent qu'à soixante mètres du sol, laissant au-dessous d'eux une tige droite et inflexible comme le grand mât d'un navire à trois ponts. Ce qu'il y a de plus remarquable dans cet arbre superbe, c'est qu'il pousse et croît avec une rapidité vraiment prodigieuse. Les naturalistes varient là-dessus; les uns disent qu'il monte d'un mètre cinquante dans une année, les autres de trois à quatre mètres. Et n'allez pas croire que ce soit une essence de bois blanc comme le peuplier, par exemple; il est plus dur et plus dense que le teck, et en même temps il conserve une légèreté excessive. C'est un Français, un marin nommé La Billardière, je crois, qui le découvrit le premier, il y a trois quarts de siècle. Mais cette découverte, comme tant d'autres, n'amena pas tout de suite de bien grands résultats. Il a fallu la trouvaille heureuse de l'or australien pour qu'on s'occupât convenablement de ces régions, immenses comme nos continents anciens. L'homme industrieux va toujours où il y a des richesses à conquérir, et l'industrie est prédestinée à nous faire connaître toutes les merveilles de notre globe. Ces géants végétaux donnèrent d'abord leur bois pour la construction des premières cabanes. Puis, le commerce venant, la marine y trouva des ressources précieuses. Pour des navires entiers on n'employa pas d'autre bois que celui du gommier bleu de Tasmanie, et aujourd'hui, sur les chantiers de construction anglais, on en consomme presque autant que de bois de teck. En Angleterre, l'homme pratique domine tout.

C'est pourquoi toute amélioration utile est sûre d'y trouver appui.

— Diable! diable! fit le docteur en se frottant le menton, geste qui lui était familier chaque fois qu'il se trouvait en présence de quelque problème, savez-vous, capitaine, que si l'enthousiasme pour l'*Eucalyptus* ne vous égare pas....

— M'égarer, docteur! mais pas le moins du monde.... Car je ne vous ai pas dit encore la moitié de ce que je sais sur cet arbre qui est destiné à faire dans un temps quelconque le salut et la fortune de l'Algérie.

— Continuez donc, instruisez-nous....

— D'abord l'épithète que les Anglais accolent au nom de l'*Eucalyptus* vient de la couleur de ses feuilles. Elles sont d'un bleu glauque, ce qui n'est pas du tout commun dans la végétation.

— Je n'en connais même pas d'exemple, fit le docteur.

— Ensuite ces feuilles ont une vertu

singulière. Tant qu'elles vivent, c'est-à-dire tant qu'elles restent sur l'arbre, elles répandent dans l'air, autour d'elles, un arome balsamique qui est le meilleur, le plus actif des cicatrisants, des siccatifs connus contre la phthisie pulmonaire.

— Ceci est grave, capitaine.

— Ah! je ne suis pas médecin, docteur. Je ne suis pas même un savant. Tout au plus suis-je un curieux qui cherche à faire son profit de tout ce qu'il rencontre dans les livres, et qui pour augmenter le bagage de son instruction ne néglige pas même les détails qu'il trouve dans les journaux.

— Peste! Comme vous y allez! Vous venez de nous faire un cours complet sur l'*Eucalyptus globulus*, que moi, savant de profession, je ne connaissais point.

— Je vous avouerai, docteur, que cet arbre m'intéresse. Depuis la fougère arborescente, je n'en ai pas trouvé de plus original.

— On pourrait être intéressé à moins.

— Et puis je vois en lui le point de départ d'un très-bel avenir si nous parvenons à l'acclimater et à le populariser en Algérie. Il est très-rustique de sa nature et paraît s'accommoder des températures telles que la nôtre. Sa croissance rapide nous permettrait de résoudre promptement le problème des pluies régulières, et avec les pluies de fonder quelques espérances certaines sur nos récoltes. Je crois donc que nous devons seconder cette acclimatation de toutes nos forces, et instruire par tous les moyens ceux qui sont encore dans l'ignorance[1].

— Vous avez bien raison, capitaine, et pour moi, dès ce moment, vous me voyez tout à fait converti à l'*Eucalyptus*. A peine rentré à Mascara, je vais prêcher

---

1. Depuis que ce livre est écrit, l'auteur apprend chaque jour par des lettres d'Algérie que ses prévisions sur l'*Eucalyptus* sont complétement en train de devenir des réalités. Il ne peut ici qu'exprimer le plaisir très-vif que lui font et lui feront toujours de semblables nouvelles.

par la parole et par l'exemple. Croyez bien que vos idées ne sont pas tombées dans l'oreille d'un sourd. Jamais elles ne trouveront d'apôtre plus fervent.

La femme du docteur et mademoiselle Masvert, tantôt écoutaient cette conversation, tantôt échangeaient entre elles leurs impressions de la journée. Elles se rappelaient tout ce qu'elles avaient vu au marché arabe et complétaient leurs connaissances de la vie nomade par ce qui se passait en ce moment sous leurs yeux. Elles trouvaient piquante cette vie un peu aventureuse qu'elles menaient depuis vingt-quatre heures, et, dans cette équipée avec leurs parents, ne voyaient qu'une agréable diversion à l'existence monotone et régulière de Mascara. Si on leur eût présenté leurs laines et leurs broderies, elles auraient accompli leur tâche de chaque soir devant ce feu de bivouac comme dans leur maison de la rue du Chéliff.

En voyant l'entretien prendre une tournure scientifique, la comtesse s'était retirée de la conversation générale, et les pieds au feu, la tête sur sa main, le haut du corps presque tout entier enfoncé dans des coussins comme dans une causeuse, elle s'écoutait vivre et jouissait silencieusement de toutes les harmonieuses merveilles de cette nuit.

Le colonel s'était tenu éloigné pendant cette première partie de la veillée. Familier avec les habitudes du désert, il était allé visiter l'agha sous sa tente, et, en fumant un cigare, avait donné partout le coup d'œil du chef sur lequel pèse une responsabilité. Quand il reparut au milieu des siens, personne ne se dérangea, et naturellement il alla s'asseoir auprès de la comtesse. Son corps resta plongé dans l'ombre noire ; sa tête seule entrait dans le cercle lumineux formé par le feu du bivouac.

Quand elle sortit de sa rêverie, la jeune femme n'eut qu'à laisser tomber ses regards devant elle pour rencontrer deux grands yeux noirs fixés sur toute sa personne avec une expression indéfinissable. Il est bien rare qu'une femme se trompe à l'intérêt qu'elle inspire, dans l'isolement surtout, lorsque rien ne vient la distraire et lui enlever une parcelle de sa perspicacité. Les yeux du colonel parlaient à défaut de ses lèvres, et sur cette figure mâle, qui, cent fois sans pâlir, avait regardé la mort en face, on voyait l'expression d'une tendresse infinie. Tous les sentiments, longtemps et prudemment enfermés et cachés dans les retraites les plus mystérieuses du cœur, faisaient explosion à la fois, et s'épanouissaient dans un seul rayon, qui enveloppait de son adoration la femme tout entière.

Il n'y a que les natures restées jeunes, malgré les années qui ont mêlé des fils d'argent à la chevelure noire, pour avoir de semblables regards. En elles, rien n'est usé de ce qui fait de l'homme le plus intelligent et le plus aimant des êtres. Si une femme d'élite les rencontre à l'heure opportune, elle se trouve sans forces contre ces adorations si délicates et si ardentes en même temps, et qui n'ont rien de ce qu'on voit dans les passions vulgaires dont le monde fait sa vie de chaque jour. Dès que ce regard a été remarqué, la femme est presque involontairement entraînée par une séduction irrésistible.

Bien qu'elle eut tout ce qu'il fallait pour plaire et attirer à elle les hommages les plus distingués, la comtesse de Sumène avait tellement gardé son cœur depuis son veuvage, que l'amour avec ses orages, ses passions, ses troubles, ses langueurs, ses surprises, ses bonheurs, l'amour vrai et impérieux lui était absolument inconnu. Qu'on ne pense pas qu'elle fût insensible : on se tromperait étrangement. Mais elle croyait avoir acquitté sa dette sociale dans un premier mariage. Elle comptait en avoir fini avec les exigences du cœur. Désormais, elle désirait vivre à sa guise dans la liberté de ses goûts et de ses caprices que lui permettait l'indépendance assurée de sa fortune et de sa position. Comme si tout cela était possible et facile à régler de même qu'un compte d'intendant !

Le regard du colonel, à cette heure où tout mensonge aurait été une infamie, troubla la jeune femme et la pénétra jusque dans les profondeurs les plus intimes de son être. Elle comprit tout ce qu'il exprimait. Rien n'est touchant comme un sentiment sérieux. Dans les villes, nonobstant la légèreté qu'encouragent et alimentent les distractions dont elles sont remplies, l'amour vrai est le plus attractif des aimants. Jugez de sa puissance au désert, lorsqu'on le trouve sans cesse en face de toutes ses pensées !

Pour échapper à cette observation la comtesse se leva, comme si, malgré la flamme vive, elle eut été incommodée par la fraîcheur de la nuit.

« Colonel, dit-elle, offrez-moi votre bras. J'ai besoin de marcher.

— Volontiers, madame.... Où désirez-vous que je vous conduise ?

— Parcourons notre campement.... Voyons si nos chevaux ne manquent de rien.

— Soyez sans inquiétude, madame. Ici les chevaux sont des hôtes aussi. Les Arabes aiment trop ces nobles bêtes pour ne pas leur prodiguer les soins. Votre bel étalon noir de Frendah surtout fait l'admiration de tout ce désert. Kaddour l'a regardé avec un œil d'envie, et j'ai vu notre agha lui donner de l'orge dans sa main. Quand nous serons abrités sous nos tentes, les femmes elles-mêmes viendront le caresser et lui porter des friandises. Car dans ce pays, si le cheval est l'ami du cavalier, il représente aux yeux des femmes le plus précieux auxiliaire de la famille. C'est grâce au cheval que le guerrier peut combattre et remplir la tente du butin pris à l'ennemi.

— Promenons-nous donc sur ce plateau. Il n'est pas bien vaste; mais il a des gazons doux. Il fait bon se promener aux étoiles quand on a un pareil tapis de verdure sous les pieds. Avec un peu de complaisance, on pourrait se croire dans un parc des environs de Paris. Cette nature africaine ainsi resserrée n'a rien du grandiose lugubre qui m'a frappée dans la plaine d'Eghris. Au reste, elle me plaît.

— Vous la verrez au soleil, madame, je ne connais rien de plus charmant.

— Je n'en doute pas, colonel. Mais le soleil doit donner à tout ce qui nous environne un caractère fort différent de ce qui nous enchante à ces heures délicieuses de la nuit.

— Madame, dans notre Afrique surtout, rien n'est plus opposé que la nuit et le jour.

— Ceci demande une explication, colonel; vous n'êtes pas un homme à dire une banalité.

— Assurément non, madame ; surtout en face de ces étoiles qui brillent sur nos têtes et font rêver à la vie douce que menaient les pasteurs nomades qui furent les premiers astronomes de la Chaldée.... Voici donc ma pensée tout entière résumée en quelques mots. Dans le jour, sous l'étreinte puissante du soleil qui l'inonde et la pénètre de ses ardeurs vivifiantes, l'Afrique représente la force et excite à toutes les luttes les organisations robustes. La nuit, avec ses langueurs adorables, ses harmonies qui courent de ce ciel limpide dont l'azur est si lumineux jusqu'au dernier brin d'herbe de la plaine et de la vallée, la nuit avec ses obscurités et ses rêveries jette l'homme le plus fort dans une mélancolie suave. Le jour appartient à la tête et aux bras ; mais la nuit appartient au cœur qui demande à épancher ses parfums et à les mêler à ceux du cytise et de l'héliotrope sauvage. »

Pour s'exprimer ainsi, le colonel avait

trouvé une voix tremblante d'émotion. Chaque syllabe pénétrait dans l'oreille de la comtesse comme la déclaration d'une passion longtemps contenue, mais qui, malgré les efforts de la volonté, rompt enfin ses digues et déborde. Le bras, plus habitué à manier l'épée et à faire le geste du commandement qu'à soutenir la main de la femme aimée, avait des défaillances nerveuses qui trahissaient l'orage intérieur. Tout, dans le colonel, révélait à la comtesse qu'elle était aimée, qu'elle était l'objet d'une de ces passions ardentes et souveraines que toute femme doit être fière d'inspirer, surtout quand aucun obstacle sérieux n'obstrue le chemin du bonheur. Pour franchir la dernière barrière, la bouche du colonel n'attendait plus qu'un encouragement. Un mot, une seule parole d'espoir, et toutes ces allusions amoureuses prenaient un corps; il pouvait rejeter les voiles transparents sous lesquels il ne parvenait pas à déguiser sa pensée et dire à la femme adorée qu'elle inspirait tous ces sentiments qui s'échapaient d'un cœur trop plein.

« Je suis comme vous, colonel, dit la comtesse après quelques minutes de silence; je trouve que ces nuits africaines versent au cœur un enivrement qui est bien voisin de la tendresse.

— Heureux l'homme auquel cette parole est adressée, s'il pouvait croire que c'est pour lui un....

— Eh! mon Dieu, colonel, il faut prendre les paroles comme elles viennent et ne pas se montrer trop exigeant.

— Madame, une de vos paroles entr'ouvre la porte du Paradis, et vous me rejetez sur le seuil.

— Colonel, lorsqu'un homme comme vous a glorieusement et utilement consacré la première partie de sa vie à des œuvres sérieuses, il ne doit pas se trouver aux prises avec les malicieuses coquetteries d'une femme, le jour où son cœur fait valoir des droits qui peut-être ont eu le tort d'être trop longtemps oubliés. Ce serait une indignité. Je crois à la sincérité et à la noblesse des sentiments que je vous inspire et que vous exprimez si délicatement. Je voudrais vous répondre avec une entière franchise. Je ne le puis pas en ce moment. Permettez-moi de réfléchir. Donnez à l'estime le temps de conquérir un nom plus doux.

— Madame, vos paroles font de moi le plus heureux des hommes. Ma vie vous appartient. Disposez-en à votre gré. Quoi qu'il arrive, j'attendrai.

Ce mot termina l'entretien. La main de la comtesse glissa sur le bras du colonel, qui la serra énergiquement dans les siennes.

S'il eût été seul, certainement il serait tombé à genoux, et ce héros de batailles aurait eu des effusions de cœur que ne connaîtront jamais les coureurs de ruelles et les galants héros des boudoirs.

VII

La veillée du bivouac durait toujours. Pour intéresser les femmes à leur conversation, Octave et le docteur avaient abandonné le domaine scientifique et causaient de poésie, de littérature et de beaux-arts. Tous les beaux vers égarés dans les mémoires se mêlaient au dialogue et recevaient de tous un accueil sympathique. Il est des situations qui donnent leur véritable cadre aux accents du poëte et font de ces syllabes harmonieuses le plus merveilleux instrument de la pensée humaine. C'est ainsi que le poëte devient l'hôte familier de toute maison qu'habite l'intelligence et conquiert des amis inconnus dans toutes les régions où pénètrent les langues civilisées.

Cependant, les heures nocturnes poursuivaient leur marche infatigable. Les paupières commençaient à s'alourdir et supportaient difficilement l'éclat de la flamme étincelante. La lassitude s'emparait des membres qui avaient supporté une pénible journée. Il était temps de songer au repos, surtout si l'on voulait être debout avant l'aube pour saluer le soleil quand il reparaîtrait au seuil de l'Orient vermeil. C'était un plaisir que chacun se promettait. Le colonel donna le signal de la retraite. Quand on put croire que les femmes étaient endormies dans leurs tentes, le docteur, l'intendant et le capitaine entrèrent dans celles qui leur étaient réservées, après avoir par excès de précaution, fait une dernière ronde tout autour du campement.

La nuit fut bonne pour tous. Si le colonel vit dans ses rêves la réalisation de ses espérances d'amour, il n'en parut rien à son réveil. Le premier, en véritable soldat, il était sur la pelouse une heure avant le lever du soleil. Il avait déjà vu ses hommes de service et ses bêtes, quand il fut rejoint par ses compagnons de voyage.

Les femmes ne tardèrent pas à se montrer. Elles respiraient avec bonheur l'air vif et pur du matin, dont la fraîcheur donnait à leurs joues un incarnat de bon augure. La joyeuse humeur de la veille n'avait été suspendue que par le sommeil. Sur l'oreiller, on retrouvait la gaieté en se réveillant, et les forces réparées permettaient d'affronter, en riant, de nouvelles fatigues.

On sortit du plateau étroit et herbu sur lequel était établi le camp. On voulut profiter des premières lueurs pour chercher de nouveaux aspects et de nouveaux horizons. Le soleil, en apparaissant tout à coup suspendit un instant les curiosités.

Il entra en scène comme un triomphateur, écartant de sa face splendide les tentures de pourpre, d'azur vif et d'or en fusion qui essayaient de la voiler. Cette terre lui appartenait, et il la couvrait de ses caresses sous lesquelles s'agitait et frémissait toute la création. Ce fut le signal d'un réveil universel. Le petit oiseau voleta dans les airs, la gerboise sauta dans les buissons, avec ce saut de côté qui n'appartient qu'à elle et déconcerte le chien et le chasseur, le grillon chanta sous l'herbe, et la cigale dans les pins fit entendre son long et monotone bruissement. Tous ces phénomènes se succédaient avec une rapidité instantanée, et la plaine avait à peine reçu les rayons lumineux qu'une vie exubérante se manifestait de toutes parts.

La tête encore pleine des douces causeries de la veille, aux étoiles, le colonel regardait ce spectacle dont il avait été mille fois le témoin durant ses rudes campagnes, et il lui semblait qu'il le voyait pour la première fois. Il est vrai que la comtesse était à côté de lui et les énamourés sont plus aptes que tous autres à contempler les grands faits de la nature. Durant cette promenade matinale, tout ce qui charmait le regard de la jeune femme avait des attraits singuliers pour le colonel. Son cœur trouvait des affinités permanentes entre ses goûts et les goûts de l'être aimé. Dans l'amour de cet homme de quarante ans, il y avait l'ardeur des passions jeunes unie à l'intelligence que donne l'expérience de la vie. Le colonel était incapable de se laisser aller à commettre des enfantillages, mais il les pensait.

Tout a un terme, même l'admiration qu'on peut donner au plus beau des paysages. Quand on eut parcouru tous les environs d'Aïn-Tifferit, reconnu les ruines d'un ancien bordj totalement ruiné par la guerre, vu l'ouverture menaçante des silos profonds abandonnés au désert, trouvé quelques vignes, quelques figuiers que la négligence faisait passer à l'état sauvage, on jeta un dernier regard sur la cascade et les verdures qui l'encadraient, et l'on revint sous la tente pour déjeuner rapidement et se préparer au départ avant la grande chaleur du jour.

Les repas arabes ne brillent point par leur variété. On servit des moutons rôtis, comme la veille, et un grand plat de couscous auquel chacun fit honneur suivant son appétit. Le café compléta le festin comme à l'ordinaire. Une heure après, l'agha des Chérabas dûment remercié par ses hôtes, la caravane était en route pour Saïda.

Aucun événement ne signala cette marche. Il fallut franchir des solitudes analogues à celles qu'on avait parcourues pour se rendre à Tifferit. Même absence d'hommes et d'habitations humaines. Seulement les accidents pittoresques étaient plus abondants. N'oublions pas cependant de mentionner qu'en traversant une forêt clairsemée de lentisques, d'oliviers sauvages, de jujubiers et de tuyas, aux racines chargées de loupes énormes, mais au branchage grêle, la comtesse remarqua et fit remarquer à ses compagnons de caravane des éperviers nombreux qui se portaient à tire d'ailes sur le même point. Cet accident, futile en apparence, devait avoir plus tard son explication lugubre. Pour le moment on constata seulement qu'ils allaient dans la direction de l'endroit où se trouvait la veille le marché des Hachems et ils ne servirent qu'à remettre les aventures de Kaddour au courant de la conversation.

— Colonel, disait la comtesse, je ne sais pourquoi ma pensée se reporte sans cesse sur cet homme que vous m'avez fait voir et apprécier. Vous m'avez conté quelques-uns de ses exploits merveilleux ; mais ce n'est point là ce qui m'arrête. Mon intelligence, Dieu merci! est très-prompte à saisir et à comprendre l'héroïsme. Il n'en est pas de même d'une foule d'autres choses qui ont glissé dans nos conversations d'hier. Me permettez-vous de vous interroger?

— Très-volontiers, Madame, répondit le colonel, qui, depuis la parole de vague espérance qui lui avait été dite, se montrait dans ses ruses stratégiques d'une discrétion pleine de distinction et de bon goût.

— Ne m'avez-vous pas dit que l'agha Kaddour avait jeté un regard d'envie sur ce beau cheval noir que vous avez mis à mon service?

— Je me souviens de cette parole, Madame.

— Eh bien! c'est d'abord de celle-là que je vous demande l'explication.

— Elle est bien simple, Madame. Pour vous, comme pour bien des gens, il n'y a pas grande différence entre deux chevaux de ce pays, lorsqu'à première vue ils sont à peu près également beaux tous les deux,

entre votre cheval, par exemple, et celui
que je monte. Il n'en saurait être de même
pour un Arabe intelligent, et surtout pour
un Arabe de la zone que nous parcourons.
Car, passez-moi quelques détails techni-
ques, nous sommes ici dans la patrie de
ces chevaux barbes dont vous avez certainement entendu vanter la valeur, et que
nos pères, moins barbares que nous, ap-
pelaient de leur vrai nom chevaux de Ber-
berie. Or, pour les bêtes comme pour les
hommes, il y a ici un sang noble et un autre qui ne l'est pas, ou plutôt il y a divers
degrés dans la pureté de ce sang. Le cheval
qui vous porte, madame la comtesse, n'a
peut-être pas son pareil dans tout le cercle
de Saïda, où nous nous trouvons depuis
hier. Ne soyez donc pas étonnée si Kaddour, en le voyant, a eu l'esprit traversé
par une pensée envieuse. Il n'est rien au
monde auquel un Arabe de grande tente
tienne autant qu'à son cheval. Quiconque a
vécu au milieu de ces tribus vous parlerait

comme moi. Et tout le monde partage cet attachement, la femme la première, qui saurait se plaindre au chef dans le cas où l'homme se montrerait négligent. Le cheval ici symbolise la sécurité et la richesse ; et n'est-ce pas dans toutes les contrées, sous toutes les latitudes, les deux plus grandes préoccupations de tous les peuples ?

— Je comprends tout cela, colonel. Mais ce que je ne vois pas d'une façon bien claire, c'est pourquoi Kaddour peut envier un cheval tel que le mien. Un grand chef comme lui ne doit pas manquer de bêtes de noble et pure race.

— Si vous aviez daigné regarder autour de la tente de l'agha des Hachems, vous auriez vu qu'en effet les beaux chevaux ne lui manquent pas.

— Eh bien ! colonel !

— Oui, mais tous sont de race relativement inférieure, tandis que le vôtre..... Tenez, madame la comtesse, je crois que le cheval que je monte depuis Mascara pourrait passer en tous pays pour une belle bête….

— Sans doute, colonel.

— Eh bien! Kaddour donnerait cinq fois mon étalon du Hodna pour avoir le cheval saharien qui obéit si docilement à votre main…. C'est qu'il faut bien le reconnaître : quelque valeur que puissent avoir individuellement pour nous quelques animaux que nous avons expérimentés, rien ne vaut comme race le pur étalon du désert et des frontières du désert. Et Kaddour le sait bien. Quand il n'était pas encore un grand chef investi de notre confiance, quand il pouvait se livrer librement à la maraude chaque soir, comme cela se pratiquait partout dans ce pays où la guerre de tribu à tribu était en permanence, il se souvient qu'il a dû sa première bonne fortune à un cheval de la nature du vôtre, madame la comtesse….J'ai dit que son regard exprimait l'envie, peut-être exprimait il aussi le regret.

— Colonel, vous avez une anecdote au bout des lèvres, et vous savez combien j'aime les histoires; contez-moi celle-là.

— Je craignais de vous fatiguer avec tous ces récits de chevaux, sans quoi c'eût été déjà fait. Voici donc d'où est parti Kaddour.... Il était jeune et n'aurait pas pu dire bien au juste à quelle tribu il appartenait. Mais déjà par son audace il s'était fait une réputation parmi les coupeurs de routes et les gens qui vivent sur le bien d'autrui. Or, entre Tiaret et Teniet-el-Had, du côté où l'on voit cette splendide forêt de cèdres qui est célèbre dans toute l'Algérie, vivait sous la tente un chef qui passait pour avoir les meilleurs chevaux de toute la contrée. Deux principalement étaient célèbres, le frère et la sœur. Mais la jument passait pour n'avoir pas son égale en vitesse. C'est sur elle surtout que Kaddour porta son dévolu. Au milieu d'une nuit noire, il s'approcha des tentes devant lesquelles, au piquet, était l'objet

de sa convoitise. D'une main habile il défit
les entraves, assura la bride, et au cri de
triomphe que poussa l'heureux maraudeur,
on apprit que cette bête incomparable
changeait de maître. En un clin d'œil tout
le monde fut sur pied dans le douar. Sur
le dos du frère, le chef se mit à la poursuite de sa jument favorite. Avec quelle
ardeur, je vous le laisse à penser. L'étalon
fit merveille, et à l'aube il avait si vigoureusement mené cette chasse que tout permettait de croire à la prise certaine de
Kaddour. Il est vrai que celui-ci ne tirait
pas tout le parti possible de la bête qu'il
montait pour la première fois. Et la preuve
fut évidente, lorsqu'ayant entendu une
voix forte qui criait derrière lui : « Je ne
veux pas que ma jument soit déshonorée,
pince-lui l'oreille droite ! » Il suivit ce
conseil ; la bête alors partit comme un
trait, et désormais nul buveur d'air n'aurait pu l'atteindre. Pour que vous saisissiez
tout à fait le sens de ces derniers détails,

je dois vous dire, Madame, que l'Arabe tient à l'honneur de son cheval autant et même plus quelquefois qu'à son propre honneur; ensuite que tout guerrier qui élève un cheval de sang noble a un signe particulier dont il ne se sert que dans les circonstances extrêmes; l'intelligent animal sait alors qu'il doit user de toutes ses forces, les épuiser même jusqu'à la mort, plutôt que de laisser son maître en danger.... Ce fut là le premier cheval de guerre de Kaddour. Il ressemblait au vôtre, madame la comtesse..... Il était de même race, il avait la même robe noire..... Maintenant, trouvez-vous étranges mes appréhensions?...

— Nullement, colonel.... Je vais même plus loin : je comprends parfaitement Kaddour. A sa place, je regretterais toute ma vie ce premier instrument de ma haute fortune. »

Pendant que le colonel et la comtesse, en causant ainsi, éloignaient par un accord tacite tout ce qui aurait pu rappeler les confidences délicates de la veille, dans une autre partie de la caravane, Octave de Kessigny et le docteur parlaient non moins sérieusement de toutes les richesses naturelles que renferment les montagnes de l'Algérie. Elles seront exploitées un jour par l'Europe industrieuse et contribueront puissamment à la prospérité de cette contrée, que rien ne doit plus détacher de notre mouvement général.

« C'est inouï, disait le capitaine, que ce que nous disons là, mon cher docteur, ne soit pas plus généralement et plus vulgairement connu. Pendant que j'habitais la province de Constantine, un ingénieur a trouvé à Dra-el-Mizan un gisement d'escarboucles, et vous savez que cette gemme est considérée comme fort précieuse dans tout l'orient.

— Je préfère la trouvaille faite à Souk-el-Arba. Vous connaissez les eaux impétueuses et torrentielles de l'Oued-Sebaou?

— Certainement, docteur. La chasse m'a conduit assez souvent sur ses bords, et il n'y a pas un des pitons abrupts qui l'enserrent dont je ne puisse faire la description détaillée.

— Eh bien ! si vous étiez géologue, vous auriez remarqué que là se trouvent des couches énormes de kaolin qui peut être mis en parallèle avec celui de la Chine et de la Haute-Vienne. Avec ce que j'ai vu seulement dans une course rapide, il y aurait de quoi alimenter pendant cent ans trente établissements comme la manufacture de Sèvres.

— J'avoue que dans ces montagnes, en allant vers le Djebel-Pharaoûn, je n'ai fait attention qu'à un marbre, bien qu'on m'ait dit que le pays abondait en merveilles géologiques et qu'on voulût me montrer des émeraudes et autres pierres précieuses. Ce marbre est un cipolin blanc veiné de vert. On travaillait avec activité à l'extraire d'une carrière nouvellement ouverte, et cela pour satisfaire à une commande faite par le cardinal Antonelli, qui désire employer ce marbre à l'ornementation de la basilique de Saint-Paul, une des plus remarquables de la Ville éternelle. N'est-ce pas singulier de voir l'Italie, la patrie des beaux marbres, nous faire de semblables emprunts, et ne croirait-on pas revenir à ces temps où Rome s'enorgueillissait d'avoir dans ses palais des colonnes de marbre jaune de Numidie?... Pour ma part, j'ai été enchanté du travail de cette carrière; là, comme partout, j'ai vu des signes certains de l'avenir prospère qui est réservé à l'Afrique française. »

Au milieu de ces conversations, la longueur du chemin disparaissait; l'on avançait sans remarquer la monotonie des horizons et sans éprouver le moindre ennui. La civilisation pour l'homme n'est-elle point partout où il peut échanger ses idées? Que cet échange ait lieu, il n'en demande pas plus et il ne remarquera pas qu'il traverse des landes sauvages. Il faudra le retour des cultures pour lui redonner le sentiment des réalités présentes.

Rien n'est plus gracieusement pittoresque dans toute la province d'Oran que les environs du Saïda sur la route de Tiaret par laquelle arrivait la caravane du colonel Durand. Les eaux vives qui sourdent de toutes parts font de la campagne un véritable jardin. De grands rideaux de peupliers encadrent des prairies plantureuses et rappellent l'Europe. Les vignes confondues avec les oliviers et les figuiers font penser à la Provence et au Bas-Languedoc, tandis que les jasmins et les roses ravivent dans la mémoire le souvenir de Séville et de Pœstum. Saïda est la ville des fleurs. Les roses surtout y abondent et chargent l'air d'aromes délicieux. On ne peut pas faire un pas sans en rencontrer. On en trouve même dans les haies qui servent de clôture aux héritages. Les fleurs mêlent leurs couleurs vives aux boutons argentés du myrte, et les tiges capricieuses s'entrelacent aux rameaux rigides de l'arbuste que les Grecs avaient consacré à Cypris. Car, voilà les plantes qui remplacent autour des champs nos ronces et nos aubépines. Ce n'est pas encore le citronnier aux dards aigus, comme dans les Calabres; ce n'est pas l'aloës avec sa hampe splendide, comme sur le littoral africain ou dans l'île enchantée de Mayorque. Mais cette verdure et ces fleurs, avec leur fraîcheur et leur grâce, réjouissent l'œil et prédisposent le cœur à se déclarer satisfait.

Tous ces jolis aspects ravissaient la comtesse et ses compagnes, et on franchit joyeusement la porte du Sud pour gagner le gîte du soir.

Presque au même instant, un cortége se présentait à la porte du Nord. Les hommes qui composaient celui-ci étaient froids, sévères, tristes. Ils accompagnaient une civière et se rendirent en droite ligne à l'hôpital militaire dont les portes sont toujours ouvertes pour l'Arabe comme pour le Français. Bientôt une histoire funèbre circula de maison en maison dans toute la petite ville de Saïda.

VIII

Un assassinat avait été commis dans la plaine, et on venait de déposer la victime à l'hôpital. C'était une femme. Les scélérats l'avaient laissée pour morte auprès d'un hallier, sur le territoire limitrophe des Hachems et des Chérabas. Son corps, dépouillé et horriblement mutilé, avait été trouvé par des spahis qui avaient assisté au marché des Hachems. Près de là, des éperviers et des gypaètes se disputaient le cadavre d'un âne dont les hyènes et les chacals avaient déjà dévoré la moitié dans la nuit.

Un crime est toujours effrayant et contristant pour la conscience humaine. Partout il fait faire un retour sur soi-même. Mais, au désert, il sème une épouvante indescriptible. Chacun aussitôt croit voir sa sécurité menacée. C'est le plus terrible des malheurs qui peuvent tomber sur des agrégations humaines.

Toute la population de Saïda (elle n'est pas nombreuse) fut bientôt dans une agitation que l'événement justifiait. Les hommes stationnaient sur la place de l'hôpital et parlaient avec émotion. Dans l'intérieur des maisons, les femmes commentaient le fait sans attendre les détails dont personne ne pouvait les instruire. Mais qu'importait ! Le crime était certain puisqu'on avait trouvé la victime. Il n'en fallait pas davantage pour mettre en émoi des intelligences peu habituées à concentrer leurs pensées.

Le colonel Durand occupait un rang trop élevé dans l'armée d'Afrique pour

n'être pas un des premiers instruit de tout
ce qui se passait. En venant faire au débotté sa visite au colonel, le commandant
supérieur du cercle lui donna tous les renseignements qu'il avait lui-même recueillis
des premières personnes qui avaient porté
la nouvelle du crime, et prit même ses
conseils pour la recherche et la poursuite
des criminels. Le docteur se rendit immédiatement à l'hôpital avec l'intendant,
et les autres officiers ne tardèrent pas à les
rejoindre.

Dans cette circonstance, les femmes eurent le suprême courage de leur position,
et se montrèrent dignes d'être mêlées à
cette vie aventureuse qu'elles avaient voulu
connaître. Le hasard ne jette pas toujours
des femmes comme la comtesse de Sumène
et ses compagnes de voyage dans une petite ville algérienne telle que Saïda. A
quelque heure qu'elles arrivent et quelque
jour que ce soit, elles sont un événement
et tout le monde les regarde. C'est pour-

quoi elles comprirent qu'il leur appartenait de donner à tous l'exemple de la force morale; et, oubliant leurs fatigues, elles se concertèrent pour se rendre utiles dans une conjoncture difficile. Elles furent vite d'accord. Les femmes sont très-promptes quand elles agissent sous l'inspiration de leur cœur naturellement charitable, et, ici, c'était une œuvre de charité qu'il fallait avant tout accomplir.

Le docteur Coignet passait dans la rue au moment où venait d'être prise une détermination. On l'appela, et il donna quelques explications sur l'événement.

« C'est une malheureuse femme indigène qui a été assassinée, dit le médecin. On suppose que le crime a été commis à l'issue du marché des Hachems. On n'en peut encore connaître le mobile avec exactitude. Le corps de la victime a été trouvé dépouillé de la majeure partie de ses vêtements, ce qui porte à croire que le vol n'est pas étranger au forfait. Nous avons constaté d'horribles blessures à la tête, surtout à la nuque qui est trouée en plusieurs endroits. Elles ont dû être faite avec un fort bâton et par derrière. L'hémorrhagie a été considérable. Cependant la femme n'est pas encore morte. Elle n'en vaut guère mieux. Mais notre devoir est de ne rien négliger et de donner nos soins tant qu'il reste dans le corps une parcelle de vie.

— Docteur, les femmes peuvent-elles entrer dans l'hôpital !

— Ce que vous verriez dans un pareil lieu, madame la comtesse, est bien triste et bien répugnant.

— Ce n'est pas ce que je vous demande, docteur.... Je m'explique plus clairement. Pensez-vous que les soins d'une femme puissent vous être de quelque utilité !

— Madame, nos infirmiers militaires sont habiles à soigner les malades et dociles comme des gens habitués à la discipline. Cependant ce sont des hommes, et la main de la femme a des délicatesses que le médecin ne saurait méconnaître.

— Docteur, cela suffit. Mme Coignet, Mlle Masvert et moi, nous ne serons pas venues inutilement à Saïda. Nous nous constituons les gardes-malades de votre malheureuse blessée. Tour à tour nous veillerons à son chevet et serons là pour faire exécuter vos prescriptions. Si elle meurt, nous lui fermerons les yeux et veillerons son cadavre. S'il y a des règlements militaires qui s'opposent à notre dessein, vous verrez le colonel et vous vous arrangerez avec lui pour les faire fléchir. Il m'a dit qu'en territoire militaire les soldats étaient les maîtres, qu'il me le prouve. Nous cherchions des distractions, en voici une qu'exige notre cœur.

— Madame, une pareille résolution....

— Ne se commente pas, docteur. Vous allez à l'hôpital, je vous suis. »

Et elle prit un bras qu'on ne lui offrait pas, pour supprimer toute résistance.

Pendant ce temps, le commandant supérieur du cercle et le colonel Durand faisaient partir des spahis dans diverses directions pour que les aghas se missent de tous côtés à la recherche des malfaiteurs. Il importait que les brigands fussent promptement sous la main de la justice. En pareil cas, rien ne ramène la sécurité dans un pays comme une répression rapide, et en même temps elle déconcerte les autres projets criminels qui pourraient se tramer dans l'ombre.

Le colonel entra lui-même en campagne suivi d'Octave de Kessigny et de deux spahis d'ordonnance. Sans en rien dire, il avait des idées à lui que lui suggéraient sa vieille expérience et sa connaissance approfondie des mœurs algériennes. Tout d'une traite, il se rendit chez Kaddour, et le trouva dans une colère furieuse que le vieil agha ne parvenait pas à contenir.

« Les lâches! s'écriait-il avec une voix qui faisait tout trembler autour de lui, s'attaquer à une femme! Ils auraient eu peur d'un homme, sans doute! Et pour avoir du courage, il leur a fallu l'ombre protectrice de la nuit! »

A la vue du colonel, Kaddour fit taire ses vociférations.

« Tu viens me demander les meurtriers? dit-il. Sois tranquille. Où qu'ils soient, où qu'ils se cachent, dans la plaine ou dans les montagnes, Kaddour saura te les trouver et te les remettre pour qu'ils n'échappent point au châtiment qu'ils ont mérité. Sang pour sang. Qu'ils périssent! C'est juste, puisqu'ils ont tué. »

Le colonel calma de son mieux cette exaltation. Il était venu pour trouver des renseignements, et les paroles qu'il entendait ne lui en donnaient aucun. Il voulut interroger l'agha; mais tous ses essais furent vains. Kaddour n'avait à lui dire que des paroles d'exécration contre les assassins. Et dans tout cela rien de clair, rien de précis. Le colonel, alors, fit appeler le cadi, et l'agha sortit pour ne point troubler la conférence. Devant sa tente il rencontra les spahis qui gardaient les chevaux et reconnut le brigadier.

« Voilà un homme, dit-il : celui qui tue les aigles et les pend à l'arçon de sa selle est un brave. Celui qui tue une femme est un lâche et fils de lâche[1]! »

De la bouche du cadi, le colonel Durand apprit une histoire lamentable.

La femme assassinée, Camyrrha, était une Mauresque d'Alger. Une année avant la soumission de cette capitale des côtes septentrionales d'Afrique aux armes de la France, Camyrrha avait inspiré une passion violente à l'un des principaux chefs de la

1. Ces derniers mots ne sont que la traduction adoucie de l'injure familière aux Arabes, djiffa-bendjiffa, littéralement : charogne fils de charogne. Nous avons entendu des mères l'adresser à leurs fils. Dans nos patois du midi, il y a une injure identique. Au reste, les mœurs campagnardes de nos provinces méridionales ont beaucoup d'analogie avec les mœurs algériennes, surtout de celles que nous avons pu observer de près dans la province d'Oran.

puissante tribu des Hadjoutes qui promenaient leurs tentes dans les plaines autour de Blidah. Elle était devenue sa femme. Cette union ne fut pas longtemps heureuse. L'écroulement du pouvoir des deys fut le signal de guerres longues et meurtrières. Les Hadjoutes refusèrent de plier sous le joug nouveau et il fallut les soumettre par la force. Ils furent, dans cent combats, vaincus, décimés, anéantis. Aujourd'hui ils n'existent presque plus que de nom, mais ce nom a été légendaire même parmi nos soldats, et revenait souvent dans les récits du bivouac. Quant aux Hadjoutes, leurs débris sont épars dans toutes les provinces, dans toutes les tribus qui ont daigné les recueillir. Au temps de sa splendeur, Camyrrha avait attiré auprès d'elle toute sa famille. Ses frères se firent tuer auprès de son époux, et elle ne songea jamais à revenir à Alger où rien, où personne ne l'appelait, où elle n'aurait même pas pu dire qu'elles avaient été les maisons de ses ancêtres dans la vallée des Consuls, quels avaient été leurs jardins sur les collines riantes de Mustapha. Quand le désastre de sa tribu fut consommé, elle s'enfonça dans les terres avec les siens et trouva un refuge chez les Attafs, qui occupent un des plus fertiles plateaux du Chéliff. On l'accueillit bien parce qu'elle passait pour avoir sauvé des ruines de sa maison des trésors nombreux qui lui permettraient de la relever un jour. Cette réputation, qu'elle n'eut garde de démentir parce qu'elle lui conservait partout une grande considération, a été cause de tous les nouveaux malheurs qui l'ont accablée. Chez les Attafs, ces richesses mystérieuses excitèrent la convoitise de ceux qui sont toujours disposés à s'approprier le bien d'autrui. On lui tendit des embûches, et, un soir, elle tomba dans un piége où elle faillit laisser la vie. Si elle ne succomba pas sous les coups des assassins, elle n'était cependant qu'au commencement de ses nouvelles tribulations; car les armes victorieuses de la France avançaient de plus en plus dans la contrée, et Camyrrha croyait qu'il n'y aurait jamais de sécurité pour elle à l'ombre du glorieux drapeau aux trois couleurs. Fuyant les rives du Chéliff, elle vint sur les bords de la Mina, et se présenta à l'émir Abd-el-Kader pour se mettre sous sa protection.

— L'émir, ajouta le Cadi, fut touché de tous les maux supportés par cette infortunée. Il lui donna un bordj, et quelques terres à l'orient de Louissert. Car il était puissant alors et faisait volontiers de semblables dons. Ici, il y avait nécessité. Après avoir reçu des confidences, même sans être généreux, il faut savoir donner à qui a besoin, à qui l'a dit. C'est dans ce bordj, que Camyrrha a vécu depuis cette époque en ralliant autour d'elle tout ce qui lui restait de sa famille. Il n'y a pas grand monde aujourd'hui. Sa maison abrite sa nièce Éthel, qui peut avoir douze ans, et trois pauvres serviteurs qui étaient déjà au service de son époux quand elle consentit à le suivre. Ils ont vieilli avec elle, et elle partage avec eux l'orge et les fruits de ses récoltes. Camyrrha est pauvre, mais la renommée de ses richesses a survécu à toutes les catastrophes. Le vent qui souffle du sud peut bien dessécher sur pied nos moissons, dit pour terminer le cadi, et enlever en épais tourbillons le sable de nos plaines; mais il laisse debout la réputation qui a été établie sous la tente du désert. L'assassin de Camyrrha est l'homme qui voulait la voler.

Le colonel Durand avait prêté une attention soutenue à ce long récit du cadi des Hachems que nous résumons. C'était pour lui tout une révélation, et l'affaire prenait un aspect qu'il n'avait pu même soupçonner de prime abord. Il posa quelques questions incidentes pour obtenir tous les éclaircissements qu'il désirait et se hâta de retourner à Saïda.

Il trouva la comtesse et Mlle Masvert

prodiguant des soins intelligents à la malheureuse victime du guet-apens nocturne qu'on avait transportée dans une chambre isolée de l'hôpital militaire. Secondé par l'intendant, le docteur avait pris sur lui de donner des ordres pour faciliter l'œuvre de charité. Le colonel approuva tout et se sentit profondément ému au spectacle de ces femmes du monde qui se transformaient avec une simplicité exquise en sœurs hospitalières. Toute la ville savait déjà le dévouement auquel elles se consacraient, et on ne parlait plus du crime que pour mêler aux circonstances lugubres l'éloge de la comtesse de Sumène et de ses compagnes.

Cependant Camyrrha était toujours privée de connaissance, et il fallait être médecin pour trouver encore quelques étincelles de vie dans ce corps inerte et défiguré par les blessures et les contusions. Après avoir recommandé qu'on l'avertît au premier signe de réveil intellectuel, le colonel

se retira laissant le docteur à sa besogne
pendant qu'il allait lui-même à la sienne.
Le commandant supérieur du cercle l'attendait pour écouter les rapports des divers espions envoyés à la découverte de
tous les côtés. Ils commençaient à revenir
et chacun avait sa moisson grande ou petite. C'est un travail rude que l'exercice
de l'autorité suprême dans un pays étendu
où quelques étrangers commandent à des
indigènes nombreux dont la langue, les
mœurs, les habitudes invétérées diffèrent
essentiellement des nôtres. L'instruction et
l'énergie ne sauraient suffire. Il faut encore
y joindre le tact qui écarte les froissements
dangereux. Une surveillance habilement
déguisée qu'on sait entretenir dans toutes
les tribus est une arme fort utile dans les
mains qui s'en servent avec finesse et dextérité.

Pour conduire l'Arabe, il est bon qu'il
soit persuadé qu'on sait tout, qu'on peut
tout savoir, et surtout il ne faut jamais lui

laisser soupçonner à quelle limite s'arrête la connaissance et de quelle façon elle parvient jusqu'à nous. Or, on n'atteint ce but, là comme ailleurs, qu'à l'aide de l'espionnage. Seulement, parmi les tribus musulmanes, l'espionnage est peut-être plus difficile que tout autre part et surtout pour des Chrétiens. L'habileté pratique de nos officiers a su triompher de cette difficulté comme des mille autres qu'ils ont rencontrées.

Parmi les nombreux rapports entendus par le colonel et le commandant supérieur, il y en eut deux qui apportèrent des révélations effrayantes. Des maraudeurs nocturnes avaient été vus sur différents points de la plaine et des vallons, et jusque sous les ombrages de Tifferit. Au milieu d'eux, on avait reconnu le fils de Kaddour; et ce qui rendait la révélation plus grave, c'était le goût prononcé du jeune homme pour ce genre d'expéditions.

Si ce qu'on lui disait était l'expression

exacte de la vérité, le colonel comprenait maintenant et la grande colère de Kaddour et pourquoi l'agha était sorti de la tente lorsque le cadi avait été appelé. Bien plus, la présence de ces brigands du côté de Tifferit révélait une autre pensée. Le jeune homme méditait sans doute quelque vol de chevaux, et probablement le magnifique étalon de Frendhah que montait la comtesse avait excité sa convoitise. Trop souvent le récit des débuts de Kaddour revenait sur les lèvres des conteurs assis à la porte des cafés pour que le jeune homme ne fut point brûlé du désir de se signaler, lui aussi, dans la maraude, par quelqu'action d'éclat. Une jument noire de Frendhah avait été le point de départ d'une grande fortune. Qui pouvait dire que ce bel étalon, auquel le plus fin connaisseur n'aurait pu trouver rien à reprendre, n'était pas réservé à d'aussi hautes destinées. Pour le colonel, l'agha avait des soupçons précis, mais le vieillard était trop fin pour les exhiber au grand jour. Peut-être aussi avait-il des notions plus nettes sur le crime et ne voulait-il pas être obligé d'agir contre son gré. Il était dévoué à la France, mais il était père, il était chef de tente et de tribu, et la dissimulation que croyait avoir remarquée le colonel avait bien quelques excuses dans ces différents titres; surtout lorsqu'on venait surprendre un homme dans la première effervescence que devait occasionner un pareil événement.

Peu à peu, la lumière se faisait donc ainsi sur le drame nocturne. Pour un homme habitué, comme le colonel, à toutes les péripéties de la vie africaine, il n'y avait dans tous ces faits rien qui pût étonner l'esprit ou dérouter le courage. Mais en était-il de même des femmes qui venaient passer quelques jours au désert comme dans une partie de plaisir? Cette pensée se présentait avec obstination à l'esprit du colonel et le tourmentait. Quoique l'heure dût appartenir tout entière au devoir impérieux, il y avait dans le cœur du soldat un sentiment qui ne pouvait être oublié, et ce sentiment faisait faire au colonel Durand connaissance avec toutes les terreurs. Il est vrai que ces terreurs étaient rétrospectives, et l'amoureux, en les subissant, ne pensait plus qu'il avait pris à l'avance toutes les précautions commandées par la prudence la plus méticuleuse et qu'il y avait dans le campement de Tifferit de quoi déconcerter tous les maraudeurs africains. Quant à penser que les femmes croiraient avoir couru un danger sérieux dans sa compagnie, c'était ne pas connaître la comtesse de Sumène et ses amies.

Un infirmier militaire vint tirer le colonel de ses réflexions. On l'attendait à l'hôpital. Les moyens énergiques du docteur produisaient leur effet. Camyrrha sortait de son long évanouissement. Qu'on juge de l'étonnement de cette pauvre femme! En ouvrant les yeux, elle se trouvait dans une chambre qui lui était inconnue, couchée dans un lit avec des draps blancs, et soignée comme une sœur par des femmes élégantes dont le regard tendre et rempli d'une sollicitude inquiète semblait épier son réveil. Elle put croire à la continuation d'un rêve, mais celui-ci n'avait rien de pénible. D'une voix à peine articulée, elle murmura entre ses dents la prière musulmane.

« Dieu est grand! »

Dans tous les actes de la vie, chez les peuples orientaux, le nom de Dieu est toujours le premier prononcé. Dans ces contrées au ciel si beau, tout porte sans cesse une empreinte profondément religieuse.

Quoique l'état de la malheureuse femme fût encore fort grave et presque désespéré, le colonel voulait profiter de ce premier moment, de ces premières lueurs d'intelligence, pour en tirer quelques éclaircissements sur l'attaque dont elle avait été la victime. Le docteur l'en dissuada et lui conseilla de donner à la réaction le temps de s'opérer complétement. Il attendait les meilleurs effets de ses soins et promettait que dans quelques heures la lucidité serait assez vive pour permettre toutes les interrogations. Il fallut se rendre à ces raisons médicales; ce qui du reste fut fait de bonne grâce, et d'autant mieux que la nuit approchait et que le docteur sollicitait la patience jusqu'à la matinée du lendemain. Ce n'était pas être bien exigeant.

De nouveaux événements tout à fait imprévus vinrent prolonger ce délai.

IX

A l'aube, Kaddour arrivait à Saïda. Les portes étaient à peine ouvertes. L'agha chevauchait à la tête d'un goum nombreux, au centre duquel on remarquait Ismaël, fils de Kaddour, entièrement dépouillé de ses armes et monté sur un mauvais cheval étique. A côté de lui marchaient trois hommes à la mine sauvage, aux vêtements sales et délabrés. Kaddour faisait un contraste avec toutes ces misères et ces haillons. Il était paré comme pour la bataille ; il avait sorti des coffres ses plus belles armes, et le cheval qu'il montait était un de ces fins coureurs que fournissent les montagnes d'Ouchdha, sur les frontières du Maroc. Le goum ne s'arrêta que devant la maison du commandant, en resserrant le cercle pour empêcher toute tentative d'évasion. Kaddour seul descendit de cheval et entra dans la maison avec la même majesté souveraine que s'il avait été sur son territoire au désert.

— Kaddour n'a qu'une parole, dit-il en apercevant le colonel qui se promenait dans le vestibule. Je t'amène les coupables. Juge et punis.

— Sois le bienvenu, Kaddour, répondit le colonel. Mais tu sais bien que s'il m'appartient de rechercher et de trouver les criminels, il ne m'appartient pas de les juger et de les punir. C'est à la justice de la France qu'incombe ce devoir. Tu la connais, et tu sais qu'elle pèse à la balance de l'équité toutes les actions avant de prononcer ses arrêts. »

Kaddour ne répondit rien. Sans même
jeter un regard sur son fils, il remit les
prisonniers. On leur lia les mains et on les
conduisit à la maison de sûreté. Le père
stoïque assista à ce départ avant de congé-
dier son goum. Puis il rentra dans la
maison du commandant, où, assis sur un
divan, il accepta silencieusement la pipe
et le café qu'on lui offrit.

Le colonel ne se trompa point à cette
attitude. Évidemment Kaddour était violemment contrarié de la tournure que prenait l'affaire. En déployant un grand zèle,
il avait espéré arriver tout de suite à un
autre résultat. Il aurait voulu une justice
sommaire et expéditive. Quelque rigou-
reuse qu'eût été la sentence, il l'aurait
vu exécuter sans sourciller. L'Arabe,
quand il est entre les mains du juge, devient indifférent ou plutôt résigné à son
sort. Tous les jours, il vient devant le
cadi, et, quel que soit l'arrêt, il est prêt à
le subir, se consolant par la parole su-

prême du musulman : Dieu est grand. Beaucoup de chrétiens, et d'excellents chrétiens, ne font-ils pas de même, lorsqu'avec la Bible ils disent : l'Éternel régne! Ce que redoutait Kaddour, c'étaient les débats longs et solennels dans quelque ville lointaine, Mostaganem ou Oran, avec un retentissement qui ferait connaître à tous la faute de son fils; c'était surtout la mort infamante par les mains du bourreau européen qui détache entièrement la tête du tronc, mutilation qui trompe le bon vouloir de l'ange de la mort, Azraël[1], et prive le vrai croyant de sa part du paradis de Mahomet.

Toutes ces combinaisons échouèrent devant la parole nette et ferme du colo-

---

1. « L'Arabe, m'écrivait, il y a une dizaine d'années, M. Lardières, alors procureur impérial à Philippeville, et aujourd'hui un des avocats les plus distingués de Paris, apporte en riant sa tête au yatagan du chaouch, qui la scie aux trois quarts. Mais il a une horreur profonde de la décollation absolue, et notre façon de supplicier jette en lui une épouvante morne

nel. Il fallait subir sa destinée en silence et avec un visage impassible, et, comme Camyrrha sur son lit de douleur, confesser le nom d'Allah.

Les cavaliers du goum de Kaddour s'étaient répandus dans les cafés maures de Saïda. Pour regagner leurs tentes, ils voulaient que fût passée la grande chaleur du jour, qui se fait surtout sentir de neuf heures à midi. Ils étaient l'objet de la curiosité universelle; mais, par suite de la défiance naturelle au nomade, ils ne faisaient que des réponses évasives aux questions qui leur étaient adressées de toutes parts. Ils voyaient qu'un grand danger menaçait le fils d'un chef qu'ils adoraient, et, pour rien au monde, ils n'auraient voulu par quelque parole imprudente ag-

---

qui se lit dans tous ses traits. Quand l'ange de la mort vient pour emporter le cadavre par le *Mahomet*, le bouquet de cheveux, il ne peut plus enlever que la tête, et le corps resté livré à toutes les bêtes du sépulcre. »

graver la position du jeune homme qui, la veille encore, leur parlait avec autorité. De leur côté, ils observaient scrupuleusement tout ce qui se produisait à portée de leur regard ou de leur oreille, afin d'en profiter à l'occasion.

Un nouvel incident vint bientôt faire diversion à l'arrivée des prisonniers et rendre à leur tranquillité les hommes de Kaddour.

A la porte du Nord, sous l'escorte de deux spahis détachés du bureau arabe, se présenta un second cortége. Rien en lui ne décelait la richesse, ni même l'aisance. Assise à la mode arabe sur une large selle qui couvrait toute la maigre échine d'un vieux mulet, une femme entièrement cachée sous ses longs voiles était le principal personnage de ce nouveau convoi. Elle était seule, en avant, comme il convient à une femme de distinction. Trois vieillards pauvrement vêtus suivaient sur des ânes malingres et rachitiques. Évidemment, pour voir dans tout cela une opulence déguisée, il fallait avoir la foi robuste, naïve, obstinée, qu'on ne rencontre plus guère que chez l'enfant du désert.

Ces nouveaux arrivés, qu'un chaouch attendait depuis le matin à la porte de la ville, se rendirent à la maison qui avait reçu la comtesse de Sumène et toute sa société. La jeune femme, laissant ses compagnes à l'hôpital militaire, se trouvait au logis avec son frère et apprenait de la bouche d'Octave tous les détails qu'elle ignorait encore.

Le nom de Camyrrha, sa vie aventureuse et infortunée, l'existence de sa jeune nièce, venaient de lui être révélés pour la première fois, lorsque celle-ci parut dans le jardin qui entourait la maison : car c'était elle qui venait de traverser Saïda avec ses serviteurs. Le colonel l'avait fait appeler, dès la veille, afin de poursuivre des investigations que l'activité de Kaddour avait désormais rendues à peu près inutiles.

Octave, entendant le bruit que faisaient les nouveaux venus, regarda à travers les persiennes pour en connaître la cause, et se retournant vers la comtesse :

« Ma sœur, lui dit-il, j'aperçois une femme; je crois qu'il est bon que je vous laisse seule avec elle.

— Pas le moins du monde, mon ami. Si vous me quittez, qui me servira d'interprète? Je ne sais pas un mot d'arabe.... Comment voulez-vous que je comprenne ce qu'on me dira?

— Je n'y pensais pas.

— Je crois, au contraire, que vous feriez bien d'aller au-devant de cette femme et de vous informer de l'objet de sa visite, que je suis prête à recevoir.

— C'est que dans ce pays une femme voilée est chose sacrée, pour un homme surtout.

— Nous sommes dans des circonstances

exceptionnelles, et il est des heures où, en tout pays, il faut savoir se mettre au-dessus des usages reçus. Personne ne sera là pour vous observer et croire que nous avons voulu commettre une inconvenance.

Il n'y avait rien à répliquer.

Octave suivit donc les instructions de sa sœur, et, un instant après, introduisait auprès d'elle la jeune femme dont il dit le nom : Éthel.

Ce mot signifie étoile, et jamais qualification nominative ne convint mieux à la femme qu'elle désignait. La nièce de Camyrrha était en effet belle comme l'étoile qui resplendit dans le pur azur du firmament africain. Il n'y avait en elle rien de ce type arabe que la pureté légèrement efféminée des traits d'Abd-el-Kader a rendu populaire parmi nous. Au reste, il faut bien se garder de confondre les sangs divers qui composent les populations musulmanes des anciennes provinces Barbaresques. Sans pousser l'observation bien loin.

pour peu que l'on voyage, on ne tarde
pas à constater qu'il y a là des races essentiellement différentes. Sans avoir à déployer une bien grande sagacité, on re-
connaît les types des nations qui ont
successivement dominé dans le Nord de
l'Afrique, ainsi que nous les dépeignent
les livres dans lesquels nous avons fait
notre éducation. Toutes ont laissé leur
empreinte vivante sur ce sol. Car l'homme
n'est pas aussi mobile que certains esprits
se plaisent à le dire, et le vulgaire à le
croire. Des montagnes de la Kabylie aux
grands Chott, il y a plus de divergence
dans les physionomies humaines que de
Marseille à Dunkerque, et, là comme ailleurs, quiconque veut trop généraliser une
peinture s'expose à commettre bien des
erreurs. Si l'on veut avoir la vérité, il faut
procéder par des particularités, par des
individualités. On n'atteindra sérieusement
ce but, qu'en étudiant sur place et successivement. Partout ou pourra glaner. Pour

connaître et comprendre la beauté des filles mauresques, il faut avoir pénétré dans l'intérieur des familles qui peuplent la Boudjaria d'Alger.

Rassurée par l'accueil bienveillant que lui faisait la comtesse de Sumène, Éthel rejeta les premiers voiles qui la couvraient et parut dans tout son éclat.

On eût dit la Vénus du Titien avec ses cheveux d'un rouge pourpre si cher aux peintres de Venise, ses grands yeux limpides ombragés de cils d'une longueur démesurée, ses joues rondes couvertes d'un incarnat carminé, sa bouche mignonne avec les lèvres vermeilles entr'ouvertes comme une grenade mûre, et son petit nez élégamment terminé par une courbe gracieuse. Cet ensemble forme un type qu'on ne trouve plus guère qu'à Alger, et dans deux villes européennes, Venise en Italie, Grenade en Espagne.

La révélation de cette beauté, à laquelle l'extrême jeunesse d'Éthel ajoutait une grâce virginale singulière, impressionna vivement la comtesse. Elle embrassa la jeune fille avec effusion et la fit asseoir à côté d'elle sur un divan.

Retiré dans un coin obscur de l'appartement pour ne pas gêner la liberté des femmes, Octave de Kessigny n'osait souffler mot. Il était comme ébloui. Jamais plus radieuse beauté n'avait frappé ses regards. Il aurait vainement cherché à se soustraire au charme attractif qui se dégageait de cet ensemble de lignes, de contours et de couleurs harmonieux. C'était une véritable fascination et une de ces fascinations qu'on subit pour peu que le sentiment artistique soit développé. Octave enviait sa sœur qui pouvait librement poser ses lèvres sur ces joues si fraîches, sur ce front si pur. Il admirait naïvement et ne cherchait pas à se rendre compte du chemin que pouvait lui faire parcourir ce plaisir que ses yeux savouraient avec complaisance.

On a dit que c'est par l'admiration qu'ont toujours commencé les amitiés intelligentes. N'en serait-il pas de même de l'amour?

Quand elle eut bien vu et caressé la jeune fille, la comtesse interpella son frère pour qu'il leur servît d'interprète.

A cette voix, Octave sortit du rêve éveillé qui l'absorbait et vint s'asseoir sur une chaise auprès du divan.

L'entretien s'engagea naturellement sur la naissance d'Éthel et l'existence que menait la jeune fille au bordj de Camyrrha. La voix répondait au visage. La langue gutturale des Arabes prenait sur les lèvres de la Mauresque des intonations d'une douceur infinie. On eût dit le gazouillement d'un oiseau des tropiques, ou mieux la mélodie charmante du ramage enfantin. Éthel n'apprit pas autre chose que ce que l'on savait déjà par le cadi des Hachems. Elle fut même moins explicite sur les temps de gloire et d'opulence, car elle était venue au monde aux heures de l'adversité. Quant à la vie du bordj, elle ressemblait à ce qu'on fait traditionnellement dans toutes les campagnes, comme dans le désert. Les jours s'écoulaient avec monotonie, remplis sans cesse par les mêmes occupations domestiques, et n'avaient d'autres accidents que ceux occasionnés par l'abondance ou la pénurie des moissons. Pour les femmes il y avait en outre quelques travaux d'aiguille, et la pauvre fille, avec un naïf orgueil, montra de riches broderies qui contribuaient à sa parure.

La comtesse fit demander à Éthel si elle aurait grand regret à quitter sa maison. A cette question, la jeune fille répondit avec simplicité qu'elle devait obéissance à Camyrrha; qu'elle serait la plus malheureuse enfant du monde si jamais elle faisait de la peine à une parente qui avait toujours été si bonne pour elle, et qui était toute sa famille; mais que partout où sa tante voudrait la conduire, elle était prête à la suivre.

Cette parole ramenait les pensées vers la malheureuse qui gisait mourante sur un lit d'hôpital. Le docteur ne la quittait presque pas, et la faible espérance qu'il avait conçue de la rappeler à la vie s'évanouissait et reparaissait tour à tour. Cette femme était en ce moment la suprême préoccupation. Tout autre intérêt pâlissait devant celui qu'elle inspirait, surtout depuis l'arrivée de Kaddour et la remise des prisonniers.

L'agha sortit de Saïda vers le milieu du jour. Depuis son devoir accompli, il n'avait pas quitté la maison du commandant du cercle; il était calme, froid, impassible; on eût dit qu'il attendait un ordre, mais cet ordre ne venait pas. Kaddour avait-il l'espérance qu'ayant égard à ses anciens et brillants services, le colonel ferait fléchir les règles de la justice pour éviter une flétrissure à la famille de l'agha? Réduits que nous sommes aux conjectures, il serait imprudent de l'affirmer. Mais il ne faudrait pas non plus le nier. Toute pensée peut traverser la cervelle d'un Arabe. Et rien n'égale sa patience à attendre la réalisation d'une espérance conçue. Pendant des heures entières, il garde la même attitude à la porte d'un homme puissant. On a cru que c'était le résultat de l'indolence native. Erreur. Pour s'en convaincre, on n'a qu'à remarquer que jamais ces longues stations ne se font dans les lieux d'où l'Arabe ne pourra pas retirer quelque profit.

Une heure avant de partir, Kaddour avait envoyé son khodja ou secrétaire pour faire rentrer sous la tente les cavaliers du goum; ce qui fit qu'au départ il n'était accompagné que d'un seul serviteur. Mais il avait toujours dans sa démarche et son allure cette fierté mâle qui faisait trembler ses ennemis.

Il fallait cela pour le spectacle.

Mais quand Kaddour fut dans la campagne, il laissa tomber sa tête chenue sur sa poitrine et écouta les pensées tristes qui remplissaient son cœur.

Et certes pour lui, le beau guerrier habitué aux allures hautes et fières de la bataille et du triomphe, il faut convenir que l'heure présente était pleine d'amertume, et plus encore que nous n'avons pu le dire : car Ismaël était l'enfant chéri de ses entrailles, celui dont la caresse avait toujours été plus douce à son cœur paternel, celui sur lequel il comptait pour l'avenir de sa maison.

S'il avait livré ce fils, s'il n'avait pas même daigné lui donner un regard, ce n'est pas à dire qu'il l'abandonnât ainsi sans secours au terrible sort que méritait le crime.

Non, la voix du sang parlait encore dans Kaddour. L'imagination de l'agha, fertile en stratagèmes de toute sorte, cherchait par quelle trame finement ourdie, par quelle combinaison, il pourrait tirer son Ismaël des mains de la justice en laissant retomber tout le poids de la faute et tout le châtiment sur les complices misérables que l'enfant s'était donnés.

La tâche était rude.

Mais il n'y a rien qui soit au-dessus des ruses et des subtilités d'un Arabe, au-dessus de son énergie à poursuivre un but, quand l'action est résolue; à plus forte raison d'un Arabe tel que le vieil agha des Hachems.

Kaddour cherchait : il ne désespérait pas.

X

PENDANT ce temps, une première et sommaire instruction se poursuivait à Saïda. Le docteur permettait qu'on recueillît de la bouche de Camyrrha quelques détails sur l'attentat nocturne. A force de soins et de persévérance, le docteur était parvenu à pouvoir répondre de la vie, au moins pendant quelques heures. Il fallait se hâter d'en profiter pour interroger la victime, et voici ce qu'elle raconta à l'officier qui dans ces villes remplit les fonctions de juge de paix :

On l'avait assaillie à coups de bâton. Elle avait sur elle quelque argent, car elle était allée au marché pour vendre le superflu des fruits et des légumes de son jardin. Elle voyageait sur un âne et portait ses plus beaux vêtements. Toutes ces circonstances établissaient que le vol avait été le mobile de l'assassinat. Cependant la victime se montrait fort peu explicite sur ces conséquences. Elle croyait au contraire qu'on avait voulu lui faire porter la peine d'une indiscrétion commise par elle involontairement. Arrêtée près d'un buisson épais de jujubiers qui la dérobait à la vue, elle avait entendu un complot de maraudeurs qui se tramait dans l'ombre. Effrayée, tremblante, elle allait continuer sa route, en tenant les lèvres closes, lorsqu'un des malfaiteurs l'ayant aperçue : « Femme, cria-t-il, as-tu entendu! — Oui, répondit-elle pour ne pas manquer à la vérité. — Meurs donc!... morte tu ne trahiras pas le secret! » Et, le premier, il s'était rué sur elle suivi par ses compagnons. Quant aux scélérats, Camyrrha ne put dire aucun nom, mais elle les connaissait. Elle les avait vus souvent devant les tentes des Hachems.

Le colonel lisait cette déposition qu'on avait apportée chez le commandant supérieur du cercle, lorsqu'on vint l'avertir que la comtesse de Sumène désirait lui parler.

La jeune femme n'avait pu se trouver au milieu de tous ces événements sans que son imagination enfantât mille projets correcteurs de la destinée. Elle était ardente pour le bien comme d'autres sont ardentes pour le mal. Croyant, en outre, que rien ne marche au hasard dans les affaires de ce monde, elle se demandait s'il n'y avait point quelque providence mystérieuse dans le caprice qui l'avait jetée à Saïda. Sur cette pente, sa pensée allait fort vite et fort loin. Après quelques heures de réflexion, la sœur d'Octave aurait affirmé qu'il lui incombait comme un devoir de compléter l'œuvre de charité qu'elle avait commencée la veille, avec ses compagnes de voyage, en allant soigner de ses mains l'infortunée Camyrrha. La comtesse était maîtresse d'une fortune indépendante qui lui permettait de ne pas ménager ses bienfaits. Sans blesser qui que ce soit, elle pouvait disposer de sommes qui auraient fait le bonheur de bien des ménages de notre connaissance, et elle ne s'imposait pas une charge bien lourde en assurant une vieillesse heureuse à la tante, en s'occupant de l'avenir de la nièce. Depuis qu'elle avait vu Éthel, la comtesse n'envisageait pas sans un affreux serrement de cœur les tristes perspectives qu'une vie errante et aventureuse mettait uniquement à l'horizon de cette fleur de jeunesse et de beauté, si délicate et si touchante dans sa fraîcheur.

Éthel avait demandé avec inquiétude, plusieurs fois, des nouvelles de sa tante.

On lui donna d'abord des réponses évasives. La jeune fille insista. Elle voulait voir Camyrrha. Mais le docteur s'opposait à cette entrevue comme à tout ce qui pouvait donner une émotion trop vive à la malade. Ces refus obstinés firent venir des larmes abondantes dans les yeux de la jeune fille. La comtesse la consola de son mieux ; mais ces consolations restaient sans effet, tant que subsistait la cause de sa douleur.

Le colonel entra sur ces entrefaites, et le premier objet qui frappa sa vue fut cette belle jeune fille baignée de pleurs. Un cœur sensible battait sous l'habit du soldat, et, touché de ce spectacle, il ne put dissimuler son émotion. En quelques mots la comtesse mit le colonel au courant de la situation, et lui fit part, en même temps, des projets que son imagination caressait pour l'avenir.

« Toutes ces pensées sont bonnes, madame, répondit le colonel, tellement bonnes que, si vous le permettez, je demande à m'associer avec vous.

— Volontiers, colonel ; mais allons au plus pressé.

— A cette heure, madame, le plus pressé est l'œuvre de la justice.

— Puisque les criminels sont sous votre main, il me semble que ce n'est plus votre affaire.

— Nous ne sommes pas en France, madame. Là je n'aurais qu'à remettre aux magistrats les hommes qu'on nous a livrés et à me laver les mains de toutes les conséquences. Ce serait désormais une besogne de Dame Justice toute seule. Mais nous avons en Algérie, pour certains cas, des règles exceptionnelles.

— Expliquez-vous, si vous voulez que je comprenne.

— Nous sommes ici sur ce que nous appelons le territoire militaire. Or, quand un crime est commis sur ce territoire, s'il n'y a que des Arabes dans le conflit, les criminels sont jugés par les conseils de guerre. Si parmi eux il se trouve un Européen ou un Israélite, le débat est porté devant la cour d'assises. C'est pourquoi il nous faut connaître toutes les ramifications du forfait, pour savoir en quelles mains nous devons remettre les prisonniers, laissant à chacun le soin de faire sa besogne.

— Tout cela me semble devoir entraîner beaucoup de temps.

— Non, madame; si le docteur l'autorise, nous pourrons quitter Saïda dans quarante-huit heures et emmener avec nous Camyrrha et cette jeune fille qui nous écoute comme si elle nous comprenait. Elles seront beaucoup mieux que partout ailleurs dans votre maison de la petite rue du Chéliff.

— Eh bien, colonel, allons-y le plus tôt que nous pourrons.

— Je vais faire mes efforts pour hâter le moment du départ.

— Colonel, songez que notre œuvre commence.

— Je ne l'oublie pas, madame, et, au besoin je compte sur vous pour me le rappeler. »

Et d'un geste amical le colonel prit congé de la comtesse.

Rien ne rapproche plus rapidement les cœurs que la complicité d'une bonne action. Pendant cet entretien, ni le colonel ni la comtesse n'avaient fait la moindre allusion aux confidences d'Aïn-Tifferit. Et cependant, la parole affectueuse qui ne venait pas aux lèvres n'aurait été que l'écho des pensées les plus intimes. Le sentiment faisait des progrès sans avoir besoin de nouvelles protestations. Tout, dans le colonel, montrait que la flamme vive brûlait intérieurement comme la lampe qui ne s'éteint jamais au fond du sanctuaire. Et la comtesse, quoique emportée par tous ces événements, et incapable de sonder son cœur, traitait déjà le colonel comme un homme dans la main duquel une femme est toujours fière de poser sa main. L'estime des premiers jours de cette intimité montait insensiblement les degrés de l'échelle qui conduit à un autre sentiment. Il n'y avait qu'à laisser faire au temps. Ce grand maître de toutes les destinées humaines conduisait, sans pilote et sans gouvernail dirigé par une main habile, la barque du colonel dans le port où l'on trouve le bonheur.

Au reste, nous devons le dire, si jamais homme mérita que la fortune lui fût clémente et gracieuse, ce fut bien le colonel Durand. Sans forfanterie, sans bruit, sans avoir l'air d'y faire attention, il entourait la comtesse de soins et de prévenances qui révélaient une infinie délicatesse de cœur. De même qu'à Tifferit, tout avait été intelligemment prévu pour qu'on n'eût pas à souffrir le moins du monde d'un campement improvisé; de même à Saïda, dans la maison qui avait été préparée pour les recevoir, la comtesse et ses compagnes avaient trouvé tout le bien-être que comporte la vie africaine. Les événements inattendus, qui donnaient subitement un autre caractère à cette partie de plaisir, empêchaient de le remarquer tout d'abord; mais on en jouissait, et il y a je ne sais quelle vertu secrète dans l'influence qu'exerce sur nous le milieu ambiant. Dans notre tête et dans notre cœur un observateur pourrait apercevoir des infiltrations analogues à celles qu'on voit lorsqu'on pénètre dans le flanc des montagnes. Au premier aspect, ce n'est rien; mais elles n'en finissent pas moins par former des grottes pleines de merveilles.

Grâce à des soins que ne connurent jamais les femmes arabes, Camyrrha trouvait dans sa constitution robuste des ressources vitales qui étonnèrent les médecins eux-mêmes. Les premières crises menaçantes une fois vaincues, elle s'achemina rapidement, sinon vers la guérison complète, qui devait être longue et difficile, du moins vers une espèce de convalescence lente et sans danger sérieux. Le docteur Coignet était émerveillé des réactions heureuses qu'il voyait se produire. Non-seulement, quelques heures après que Kaddour eut quitté Saïda, il permit qu'Éthel se montrât avec les dames européennes au chevet de la malade; mais encore il autorisa des interrogatoires et des confrontations que jusque-là il avait engagé à différer. Le plus surpris d'une rechute mortelle aurait certainement été le médecin, qui se montrait d'une excessive prudence dans tous ses traitements.

Camyrrha reconnut les brigands qui l'avaient frappée et dépouillée dans les hommes qu'avait livrés Kaddour, et qu'on tira un à un de leur prison pour les faire passer devant elle.

Quand ce fut le tour d'Ismaël, le fils de l'agha, elle hésita et ne fut point affirmative pour lui seulement, tandis qu'elle assignait avec précision le rôle de chacun des autres. Cependant Ismaël passait pour l'auteur principal du guet-apens et de l'attentat. En revanche Camyrrha déclara qu'un malfaiteur manquait encore à la justice, celui qui avait accompli le vol pendant que les autres assassinaient. Cette circonstance était d'autant plus grave que, nonobstant les recherches les plus actives, on n'avait pu encore mettre la main ni sur l'argent ni sur les vêtements dérobés. Il restait donc des nébulosités dans une affaire qui brusquement avait paru s'éclaircir. Mais ceci désormais regardait les juges instructeurs, et dès que Camyrrha fut, au dire du docteur, en état de supporter le voyage, le colonel, la comtesse de Sumène, Octave de Kessigny et toutes les personnes que nous avons suivies à la cascade d'Aïn-Tifferit se mirent en route pour Mascara avec Éthel et la malheureuse veuve du dernier chef hadjoute. Si elle avait encore besoin de la victime, la justice pouvait la voir et l'interroger plus commodément encore à Mascara qu'à Saïda, et surtout plus complétement.

Quant aux serviteurs auxquels Camyrrha avait tout de suite pensé dès qu'il s'était agi d'organiser une existence nouvelle, — car cette femme n'oubliait jamais rien, — on n'en avait que faire à Mascara. En conséquence et de leur consentement, après qu'on leur eut donné quelques provisions et quelque argent, ils furent renvoyés au bordj de l'Émir. Camyrrha leur abandonnait la jouissance de ce petit domaine, qui devait suffire amplement à la satisfaction de leurs besoins.

Pour rentrer à Mascara, on prit la route directe qui n'est coupée que par un caravansérail et par la smalah de spahis à Louissert.

Pendant ce trajet, si les préoccupations que chacun portait dans son âme avaient permis d'observer les voisins, on aurait remarqué qu'Octave de Kessigny avait perdu l'aimable gaieté qui le caractérisait. Il est vrai que ce retour n'avait pas du tout l'air de fête qui avait signalé le départ. Dans tous les cœurs il y avait de la mélancolie. Le roman était fini : dans quelques heures, on allait rentrer dans ses habitudes et dans la plate monotonie des existences urbaines. Cet état de l'esprit n'est pas favorable à l'observation. Aussi le brillant capitaine de spahis pouvait-il, tout à son aise et sans être obligé de subir la moindre question importune, poursuivre les rêves qui avaient abattu sa joyeuse humeur.

Tout le monde d'ailleurs avait des préoccupations plus ou moins vives, et de même qu'on ne remarquait pas les rêveries du capitaine, on ne remarquait pas davantage l'aspect inaccoutumé que présentaient les vastes plaines solitaires parcourues par la caravane. De kilomètre en kilomètre apparaissait un accident qui, au départ, aurait vivement intéressé la comtesse. Ici c'était un groupe de cavaliers, là des pâtres conduisant de maigres troupeaux dans des pâturages où l'herbe attendait la pluie pour reverdir; plus loin un Arabe debout jouant de la flûte devant deux auditeurs couchés sur le sol dans une pose somnolente et béate, que Gustave Boulanger a su si bien saisir et rendre lorsqu'il a consacré son talent et ses pinceaux à la peinture des scènes algériennes. Tout cela suffisait pour animer le paysage; mais personne n'y faisait attention. Ce n'était pas le hasard cependant qui peuplait ainsi le désert. Une même pensée animait tous ces groupes, et, en temps de guerre, elle n'aurait pas échappé au colonel Durand. Il aurait reconnu une de ces ruses si familières aux Arabes.

Tous ces groupes n'étaient en effet composés que d'émissaires de Kaddour. L'agha des Hachems ne voulait pas perdre de vue son fils. Il connaissait de longue date la droiture inflexible du colonel Durand, ainsi que sa vigilance. Pour travailler efficacement à la délivrance du jeune homme, il était donc important que l'agha surveillât avant tout le colonel. Celui-ci éloigné et ne s'occupant plus du forfait, l'espérance rentrait dans le cœur paternel. Sous quelle forme? Kaddour lui-même aurait été fort embarrassé de le dire nettement. Mais c'est surtout lorsqu'il voit le temps dérouler devant lui ses perspectives et ses incertitudes que le musulman peut avec vérité et confiance laisser échapper sa grande parole : Dieu est grand! Et ici, on en conviendra, ce n'est point un mot de résignation qui sort de ses lèvres, ce n'est point une parole de fatalité. Jamais le libre arbitre humain ne s'est plus péremptoirement affirmé, tout en conservant une forme religieuse.

On allait aussi rapidement que le permettait le transport de Camyrrha. La comtesse laissait au front de la caravane le colonel causer avec le docteur et l'intendant. Elle renonçait même volontiers, pour peu que le sol le permît en ne se montrant pas trop orné d'ornières profondes, à monter ce bel étalon de Frendah dont elle était si fière au départ. La voiture avait des charmes pour elle comme pour ses compagnes. La fière amazone avait disparu, et, à la place, une tout autre femme se montrait. C'était une de ces métamorphoses comme en peuvent voir chaque jour ceux qui font métier d'observer. Avec sa vivacité, sa mobilité, sa rapidité d'impressions, la femme est un perpétuel spectacle.

Les événements des derniers jours étaient déjà loin pour la comtesse de Sumène, et l'avenir de notre colonisation africaine n'occupait qu'une place inférieure dans ses pensées.

Éthel, au contraire, apparaissait sans cesse au premier rang. Avec cette promptitude et cette énergie d'affection dont les femmes sont si susceptibles en tous pays, mais plus encore que partout ailleurs dans les régions caressées par un soleil brûlant, la comtesse s'était attachée à cette jeune fille, et dans sa tête elle combinait tout ce qu'il y avait à faire pour l'éducation d'Éthel, en même temps que les soins à donner pour ramener Camyrrha à la santé. Toute femme arrivée à un certain âge sent tressaillir en elle les instincts maternels. Vienne une occasion propice, et elle leur donnera carrière d'autant plus aisément et facilement qu'il n'y a rien de plus doux que d'être mère selon le cœur.

XI

MASCARA s'annonça de loin par ses belles plantations de vignes. L'arbuste précieux est cultivé dans les environs de Mascara, comme à Médéah dans la province d'Alger, aussi intelligemment qu'en Bourgogne, ou qu'en Médoc, ou bien encore que sur les collines pierreuses de l'Andalousie, d'où nous vient le Xérès. Vue du côté de Saint-André, la ville ne s'annonce pas avec le même pittoresque que par les coteaux du nord, d'où l'œil domine, en surplombant, toute la vallée. Les maisons blanches apparaissent alors comme groupées au centre d'un vaste entonnoir de verdure, et produisent un effet saisissant à l'œil. Quand on sort de la plaine d'Eghris, pas de points culminants, pas le moindre mamelon d'où la vue puisse s'étendre au loin, et par conséquent pas de panorama.

Le soleil disparaissait à l'horizon du couchant quand la caravane atteignit les premières maisons rurales de Saint-André. La nuit allait tomber. Sur l'ordre du colonel, les spahis d'escorte prirent les devants, et le brigadier reçut la mission de prévenir les serviteurs de la comtesse de son retour. Aux premières étoiles, chacun avait retrouvé son logis et pouvait, les femmes reprendre leurs broderies commencées, les hommes aller au cercle et serrer la main de leurs camarades et de leurs amis.

Ni le colonel ni Octave ne prirent ce dernier parti. Pour eux, les quelques jours qui venaient de s'écouler devaient avoir des conséquences graves, ils le sentaient. C'est pourquoi ils avaient besoin, non pas des turbulences de café, mais de solitude et de recueillement pour écouter ce qui se passait dans leur cœur. Au milieu de son petit ménage de garçon, le colonel éprouvait et sentait ce vide profond qu'ont connu tous les hommes lorsqu'ils ont rencontré la femme auprès de laquelle il leur serait si doux de passer leur vie. La passion avec tous ses entraînements s'était emparée de lui, et il fallait qu'il se fît violence pour ne pas aller respirer l'air qui, en passant, avait caressé les cheveux flottants de la femme aimée. Vainement la raison lui disait-elle qu'après les paroles d'Aïn-Tifferit, après les espérances tacitement confirmées à Saïda, la réserve était commandée par la plus élémentaire des délicatesses : le colonel avait besoin de toute son énergie pour ne point céder aux tentations qui lui donnaient incessamment assaut.

Quant à Octave de Kessigny, son être

moral était plongé dans un vague dolent qui ne manquait pas de charmes. Nonchalamment accoudé sur le balustre sculpté qui décorait la galerie intérieure de la maison qu'il occupait à côté de sa sœur, il regardait et écoutait l'eau qui tombait en gazouillant dans le bassin de la fontaine, et restait perdu dans une rêverie sans but, j'allais presque dire sans objet. Que sa sœur fût apparue tout à coup à l'angle de la galerie, et lui eût demandé compte de ses pensées, il n'aurait su quoi répondre. Ses pensées n'avaient pas de corps et papillonnaient follement dans les champs illimités de l'imagination, amalgamant le présent et le passé, et bâtissant avec complaisance les vaporeux châteaux en Espagne de l'avenir. Les somnolences remplies d'arabesques fantastiques sont les spleens des pays aimés du soleil et des étoiles.

Il est vrai que la comtesse de Sumène, tout entière au retour et à l'installation de ses protégées, n'avait guère le loisir de

songer à son frère et au colonel Durand.
Dès Saïda, elle s'était fait une espèce de
langage par signes qui lui permettait dans
les circonstances ordinaires de se passer
de l'intervention d'Octave auprès d'Éthel.
La jeune fille à son tour servait de truche-
ment auprès de Camyrrha.

Cela explique comment ne fut pas trou-
blée la solitude de cette première soirée
qui pouvait être décisive pour la destinée
de deux hommes de cœur.

Les jours qui suivirent replacèrent la
vie dans la voie ordinaire qu'elle suivait
à Mascara avant l'excursion à Tifferit.

Chacun, emporté par ses occupations,
y trouva les distractions que donne toujours un travail obligé.

Quant au docteur et à l'intendant, nous
n'avons pas à les suivre, vu qu'ils n'ont à
nous offrir aucun de ces petits mystères
dont on aime tant à éclairer l'obscurité,
à percer la profondeur. Ils étaient partis
avec joie, ils étaient revenus avec plaisir,

et les quelques jours de Tifferit et de Saïda ne comptaient plus que parmi les jours heureux écoulés de leur existence. Pour le colonel, pour Octave, il n'en était pas de même. La rêverie, il est vrai, n'absorbait pas l'être tout entier ; la passion, violemment contenue par un effort suprême, s'imposait de rester dans les bornes étroites des convenances. Mais dans la rêverie et dans la passion, Octave et le colonel trouvaient des aliments nouveaux que leur imagination et leur intelligence savouraient avec délices.

Les femmes étaient toujours ces satellites doux et charmants que nous avons pu observer durant les jours de caravane.

Dérobant le plus d'heures qu'elles pouvaient aux soins domestiques de leur intérieur, Mlle Masvert et Mme Coignet venaient les passer auprès de la comtesse de Sumène, et prendre part à l'éducation d'Éthel, qui se montrait la plus intelligente et la plus docile des écolières. Unies par une étroite amitié, ces trois femmes s'acquittaient, avec la joie que donne l'accomplissement du devoir, de la tâche de cœur qu'elles s'étaient imposée. Éthel comprenait ce qu'on faisait pour elle et trouvait chaque jour moyen d'en témoigner sa reconnaissance. La beauté de la figure n'était que la moindre des qualités de cette jeune fille. Rien n'égalait la bonté et la pureté de son cœur.

Au premier aspect, c'était bien une plante sauvage, mais une de ces plantes sauvages qui ne demandent qu'un peu de soin et de culture pour nous ravir par les plus suaves parfums. Les soins étaient venus, et la fleur s'épanouissait au grand contentement de celles qui l'avaient devinée. Pas un défaut ne venait la déparer, et c'eût été vraiment grand dommage de laisser cette fleur au désert, comme disait chaque jour avec sa douce gaieté la comtesse de Sumène.

Cependant, le colonel n'avait pas plus

oublié la parole dite à Saïda que les quasi-promesses faites dans les confidences d'une nuit sans pareille sous la cascade de Tifferit.

Un jour, pendant l'une des fréquentes visites qu'il rendait à la comtesse avec la liberté qu'autorisent les mœurs de province, il tira des poches de sa tunique un papier timbré plié en quatre, et l'offrit gracieusement à Mme de Sumène.

« Qu'est-ce que cela, colonel ? dit la comtesse.

— Madame, c'est mon apport dans l'association que vous m'avez permis de contracter avec vous.

— Mais je ne vous ai rien demandé, colonel. Je vous réserve pour plus tard.

— Le présent est à nous, madame ; à Dieu seul appartient l'avenir. Peut-être plus tard vous n'y penseriez plus, et moi pas davantage.

— Enfin, que m'apportez-vous ?

— J'ai longtemps cherché pour savoir

comment remplir une parole que vous avez bien voulu accepter de moi, et, après réflexion, j'ai pensé, madame, que pour une bonne œuvre entreprise par vous, je ne pouvais donner rien de mieux que ma pension de commandeur de la Légion d'honneur. En voici la délégation en bonne forme. Il ne reste plus à y inscrire que le nom de votre protégée.

— Colonel, vous êtes l'homme le plus délicat que je connaisse. Vous savez donner à vos bienfaits une tournure qui ferait expirer le refus sur les lèvres prêtes à le prononcer. J'accepte pour Éthel. Donnez-moi votre main. »

En parlant ainsi, la comtesse tendait sa main mignonne, qui reçut le plus ardent des baisers. Le colonel était aussi heureux qu'homme du monde. On lui aurait apporté le brevet et les épaulettes de général de brigade qu'il ne se serait pas dérangé. Quiconque a vécu auprès des militaires et étudié sur le vif l'ambition d'avancement qui les dévore tous, appréciera la valeur de notre comparaison.

Dans ce moment, le colonel éprouvait auprès de la comtesse de Sumène une de ces émotions qui font tout oublier, et l'âge, et les rêves ambitieux, et les déceptions, et les soucis que traîne toujours à sa suite une position élevée. Il était d'autant plus heureux que cette action avait été accomplie par lui tout naturellement et sans le moindre calcul intéressé. La pensée lui en était venue en attachant sa cravate le matin; et, comme depuis quelques jours il cherchait ce qu'il pourrait faire pour Éthel, il n'avait trouvé rien de mieux que cette pension, absolument inhérente à sa personne.

Dans toutes ces marques de sollicitude, Camyrrha n'était point oubliée, loin de là. Elle avait sa large part d'intérêt et de sympathie. La pauvre femme en témoignait à ses bienfaitrices une reconnaissance qui allait souvent jusqu'à l'exaltation, et le docteur se voyait obligé de la calmer pour ne pas compromettre l'entière guérison. Mais depuis que les forces et la santé revenaient, Camyrrha n'écoutait guère les prescriptions du docteur. En véritable enfant du désert, elle avait des côtés impérieux et absolus dans le caractère, une volonté qui montrait qu'elle n'oubliait pas et qui ne permettait à personne autour d'elle d'oublier qu'elle avait commandé sous la tente d'un grand chef.

Sur ces entrefaites, et pendant qu'on poursuivait dans l'ombre du cabinet l'instruction du crime commis sur le territoire des Hachems, un incident se produisit sur le marché de Mascara, et cet incident donna une autre tournure et une activité nouvelle à l'œuvre de la justice.

Un jour, Camyrrha, qui, dans la maison de la comtesse, avait conservé les libres allures et l'entière indépendance des enfants du désert, était allée respirer le grand air sous les saules du jardin de l'Arghoub.

Pendant ce temps, la comtesse, Octave de Kessigny, Mlle Masvent et le colonel Durand faisaient une promenade dans les sentiers poudreux bordés d'aloès et de figuiers de Barbarie qui conduisent au village arabe, qui forme un faubourg à la banlieue septentrionale de Mascara.

Comme toutes les villes un peu importantes d'Algérie, Mascara est fermée par une ceinture murale; je pourrais dire une enceinte fortifiée. En dehors des murs, les populations indigènes établissent des *gourbis* qui se groupent et s'entassent de manière à former de véritables villages suburbains. Mascara, qui fut longtemps le point central de la puissance d'Abd-el-Kader, né dans les campagnes du voisinage, possède deux de ces agglomérations, l'une au nord, l'autre au midi. Elles servent chaque jour de but de promenade aux oisifs de la ville qui veulent voir de près les mœurs indigènes. Avouons que jamais ces observations ne se font sans qu'on ait à surmonter bien des dégoûts, à cause des nombreuses saletés qu'on doit traverser.

Ce qui attirait la comtesse de Sumène dans la région de ces bouges, c'était certaine devineresse dont on lui avait dit merveille. Elle jouissait d'une grande réputation à Mascara, où on ne la connaissait que sous le nom de sorcière noire. Elle prédisait l'avenir en agitant des coquillages dans sa main, et les jetant d'une certaine façon sur un tamis. C'est l'enfance de l'art; mais souvent les peuples enfants sont plus avancés que nous en ces matières délicates, où il suffit d'un mot vague pour nous jeter dans le monde des souvenirs et des illusions. D'ailleurs, en tout pays, la femme aime le prestige de l'inconnu dévoilé; elle se laisse volontiers bercer par les espérances et les chimères, surtout dans des terres que brûlent des soleils ardents comme ceux de l'Afrique. Dès qu'on lui eut vanté l'étrangeté de quelques-unes des prédictions de la sorcière, la comtesse était trop femme pour résister longtemps à la tentation de la voir et de l'interroger.

Éthel était restée au logis avec Mme Coignet. Tout le monde était de joyeuse humeur. La comtesse prenait intérêt à tout ce qu'elle voyait et faisait volontiers part de ses impressions.

« Voilà un joli sujet de tableau. Octave, je vous le recommande. Avec le pastel, vous rendrez très-bien ces tons chauds et fortement nuancés. »

Et elle désignait un groupe de femmes arabes à la fontaine, occupées à nettoyer de la laine en la pétrissant avec leurs pieds, comme chez nous on la pétrit avec la main. A côté, des vieillards dévots, rangés autour d'un marabout vénérable, faisaient leur prière en se jetant plusieurs fois de suite sur le sol de toute la longueur de leur corps, et toujours dans la direction de l'Orient, vers la Mecque, la ville sainte du Prophète. Une petite mosquée, blanchie à la chaux, encadrait l'horizon. Les tons crus et criards étaient coupés par des palmiers à la tige élancée, des grenadiers et des bananiers chargés de fruits.

« Je suis déjà venu plusieurs fois à cette fontaine, répondait Octave. J'ai déjà dessiné tout le paysage. Il est dans mon album. Si ces lavandières m'en donnent le temps, si ces vieux musulmans prolongent leurs dévotions, je vais les *croquer*. Ce sera toujours autant de pris. Le tableau viendra plus tard. »

Et, sortant un calepin de sa poche, le jeune homme esquissa rapidement la scène qu'il avait devant les yeux. Ce fut fait en quelques coups de crayon.

« Tenez, ma sœur, êtes-vous contente ? ajouta-t-il en présentant son travail à la comtesse. Parlez sans flatterie. Le modèle est encore là. Nous pouvons faire tous les changements et tous les arrangements que vous souhaiterez; nous n'avons pas d'amour-propre.

— C'est bien pour un croquis. Mais

vous me ferez le tableau. Regardez bien encore une fois et gravez les tons dans votre mémoire. Ils sont fort beaux.

— L'artiste tâchera de se surpasser, puisqu'il travaillera pour vous.

— Nous connaissons ce que vous savez faire quand vous le voulez bien. Aussi je vous préviens que je serai difficile. Je veux ce tableau pour mon salon.

— Tant mieux, ma sœur, vous serez contente.

— Vous me dites toujours cela, et puis vous me faites attendre ce que vous me promettez.

— Quoi, par exemple?

— Ce grand paysage qui est commencé depuis plus de deux ans.

— Ah! pour celui-là, ma sœur, vous attendrez encore.... Colonel, soyez juge entre nous.... Il s'agit d'une grande vue prise dans les environs de Tlemcen, du côté de Lalla-Maghrnia. Ma sœur veut que sur une esquisse légère et de mémoire, je termine un tableau. Moi, je soutiens que nous ferions mieux d'aller visiter Tlemcen qu'elle ne connaît pas. C'est une ville qui vaut bien la peine qu'on se dérange pour la voir quand on est en Algérie.

— Oui certes, répondit le colonel, qui entrevoyait tout de suite la perspective riante d'une nouvelle excursion.

— J'en ai assez vu de vos villes africaines, dit la comtesse.

— Madame, vous m'avez un jour parlé avec admiration de Blidah, de Milianah, de Mostaganem. Je crois que Tlemcen ne ferait qu'ajouter une belle image de plus à ces images restées dans votre mémoire. Vous aimez les souvenirs des temps écoulés; nulle part en Algérie vous n'en trouverez autant qu'à Tlemcen. Vous aimez les caprices de l'art mauresque; c'est encore là qu'il faut en aller chercher les plus beaux et les plus charmants spécimens. Ce fut autrefois une ville puissante et florissante, et elle a conservé bien des vestiges de son antique splendeur. En même temps ce fut une ville sainte, et les vrais croyants du musulmanisme la vénèrent toujours. Dans l'art religieux des peuples orientaux, je ne connais rien de plus beau qu'une mosquée que j'ai vue aux environs de Tlemcen et dont le nom m'échappe.....

— C'est précisément celle qui figure dans mon tableau avec son cadre de grands oliviers plus majestueux que ceux du bois sacré de Blidah.

— Et l'avenue de caroubiers?...

— Je ne l'ai pas oubliée, colonel.

— Eh bien! madame, le capitaine a raison : il faut aller voir Tlemcen. Je suis fâché de contrarier votre opinion. Mais un tableau pareil ne peut être achevé que sur place. Si vous ne visitiez pas cette ancienne capitale de l'Ouest, vous auriez une lacune dans vos souvenirs algériens, et un jour peut-être vous le regretteriez.

— Allons, soit.... Puisque vous le voulez tous les deux, nous irons à Tlemcen.

Mais Octave tiendra promptement la promesse qu'il vient de faire devant vous. »

Le jeune capitaine répéta en riant qu'à peine rentré au logis il se mettrait au tableau de la fontaine.

Cette causerie et bien d'autres avaient ramené les promeneurs du côté de la ville. On n'avait point trouvé la sorcière noire. Depuis quelques semaines, elle avait transporté ses coquillages, son tamis et son industrie devinatoire dans le village méridional.

En allant à sa recherche, la comtesse et sa société avaient traversé le marché arabe extérieur et se trouvaient devant la halle aux grains, non loin du caravansérail des bêtes, lorsqu'une altercation violente attira leur attention.

Quel fut leur étonnement en reconnaissant Camyrrha au milieu d'un groupe nombreux d'indigènes qui vociféraient les plus grossières injures. Mais elle, le grand voile de laine qui la couvrait de la tête aux pieds rejeté en arrière, la visage à nu comme celui des femmes arabes qui vivent sous la tente, l'œil et la lèvre en feu, sans se laisser déconcerter par les malédictions dont on l'accablait, elle criait à tue-tête :

« Voilà le voleur! arrêtez-le et donnez-le aux juges! »

Et à ses cris joignant le geste, elle retenait d'une main crispée le burnous d'un individu de mauvaise mine, qui ne parvenait pas, malgré ses efforts, à lui faire lâcher prise. Sans toucher à la femme, les indigènes criaient, lui reprochant de manquer à tous les devoirs de la religion en se faisant l'auxiliaire des infidèles. Mais, à part les vociférations, le débat, la lutte plutôt, restait absolument entre la vieille femme et l'homme qu'elle avait saisi.

Du premier coup d'œil, le colonel comprit tout. Camyrrha venait de découvrir le malfaiteur qu'elle n'avait point trouvé parmi les prisonniers de Saïda. Le colonel donna un ordre. Le bandit fut amené et le tumulte s'apaisa comme par enchantement.

L'homme que la découverte et la dénonciation de Camyrrha avait fait conduire en prison n'appartenait point à la race arabe, bien qu'il en portât le costume. Il n'aurait été réclamé par aucune tribu. Dans aucune, il n'avait une tente ou un gourbi qu'il pût revendiquer. Quand on l'interrogea là-dessus, tremblant, effrayé de se voir entre les mains de la justice européenne, il avoua qu'il ne se connaissait pas de famille, qu'il avait passé sa première enfance dans le faubourg de Karguentah à Oran; mais que depuis bien des années il allait de tribu en tribu, vivant au jour le jour, tantôt marchand, tantôt manœuvre propre à tous les ouvrages grossiers, variant de goût et d'occupations suivant les besoins, les ressources, les aubaines. En réalité, c'était un sang mêlé d'espagnol et de juif, comme on en rencontre un certain nombre en Algérie, et surtout dans la province d'Oran;

un de ces enfants que les hasards de la débauche avaient mis au monde, et qui, depuis l'enfance, avait mené une existence livrée à tous les hasards de la maraude et du vagabondage.

Cette découverte eut pour résultat de délivrer la justice militaire d'une besogne toujours pénible. Du moment qu'un seul n'était pas indigène musulman, tous les prévenus devenaient justiciables de la cour d'assises, et, désormais, l'instruction fut déférée au parquet de Mostaganem.

Elle fut conduite avec rapidité. Au reste l'unique difficulté de l'affaire reposait sur l'identité des inculpés. Il est vrai que devant les affirmations réitérées de Camyrrha, il n'y avait guère à hésiter. Cette femme énergique ne déviait pas un seul instant de la ligne droite. Avant de prendre une décision irrévocable, le juge avait tâtonné quelques jours afin de savoir si, dans son exaltation, Camyrrha ne donnait point quelque entorse à la vérité. Mais Camyrrha répéta constamment ce qu'elle avait dit dès la première heure, aussi simplement, mais avec la même netteté. Elle y ajoutait seulement ce qui avait trait au voleur découvert par elle au marché de Mascara.

Devant ces affirmations, il n'y avait plus qu'à convoquer la cour de justice.

On avait tiré les prisonniers des maisons d'arrêt de Saïda et de Mascara, et ils avaient été dirigés sur la ville où ils devaient être jugés. Ce transfert s'était opéré sans encombre, et le jour où s'ouvrirent les débats solennels à Mostaganem, on vit s'asseoir sur les mêmes bancs Ismaël, le fils de Kaddour, les trois bandits arabes, et Alvarez, le juif bâtardé d'Espagnol.

Nous devons ajouter qu'aucun des prévenus n'excitait un bien grand intérêt. En général, les indigènes ne se rendent pas un compte très-exact du pour quoi nous entourons notre justice, et surtout notre justice criminelle, de ses formes et de son appareil pompeux. Chez eux, il n'y a guère jusqu'à ce jour que la sentence qui importe et le châtiment qui produise quelque effet. Si les tribus étaient moins étrangères les unes aux autres qu'elles ne le sont en réalité, il aurait suffi de la présence du fils de Kaddour sur le banc des accusés pour occasionner quelque émoi. Mais, à la façon dont vivent les Arabes de grande tente, cela pouvait tout au plus intéresser le vieil agha des Hachems.

XII

CEPENDANT on n'en avait pas fini avec Kaddour, et il fallait bien mal le connaître pour croire qu'il subirait son infortune domestique sans rien tenter pour la corriger. Mais cela ne regardait plus le colonel, et, comme on dit vulgairement, il s'en lavait les mains.

En tout pays civilisé, la justice criminelle ne fonctionne qu'après s'être entourée d'un appareil imposant. Dans les pays qui n'ont ni nos mœurs ni notre langue, et ne nous connaissent tout d'abord que par la force, cette solennité est encore plus nécessaire. C'est toujours un événement qu'une tenue d'assises dans les villes algériennes. Le pouvoir immense dont est investi le magistrat chargé de les présider se traduit au dehors par les déférences de tous les corps constitués. Et, reconnaissons-le, il est besoin qu'il en soit ainsi. Car, bien qu'on appelle palais la maison dans laquelle s'agitent ces débats dans lesquels l'honneur, la vie, la liberté sont constamment en jeu, rien n'est plus vulgaire que cette construction. A Mostaganem, comme à Oran, il faut savoir, pour s'en douter en franchissant le seuil, qu'on entre dans le sanctuaire de la justice. Il est vrai que cela n'invalide pas les arrêts.

Il y avait foule pour voir juger le fils de Kaddour, dont tout le monde connaissait les héroïques histoires. Des hauts plateaux de la Mina et de l'Hillil, de nombreux Arabes étaient descendus, et s'étaient répandus dant les cafés maures de Mostaganem pour être au courant des nouvelles, et connaître quelle serait la justice chrétienne. De bonne heure le prétoire avait été envahi, et, si l'on y voyait des burnous et des caftans en grand nombre, la majeure partie de l'auditoire se composait d'Européens. Les uns s'occupaient d'Ismaël; pour les autres, tout l'intérêt se concentrait sur la femme dont les malheurs, en forme de légende, couraient la ville depuis deux mois.

La déposition de Camyrrha fut terrible. Avec une précision et une netteté formidables, elle détailla toutes les circonstances du crime, faisant la part de chacun et les désignant du doigt à mesure qu'un de leurs actes figurait dans son discours. Tous étaient coupables d'après la victime, sauf un sur lequel elle s'obstinait à garder le silence; mais ce silence était plein de réticences et n'innocentait point Ismaël, que les autres, dans leurs aveux, avaient sans cesse représenté comme leur chef. On apprit plus tard que d'anciens services rendus attachaient Camyrrha à Kaddour, et que la reconnaissance de bienfaits, qu'un autre aurait oubliés, avait constamment arrêté la parole accusatrice prête à sortir de la bouche de cette femme. On attendit vainement, et même avec anxiété, cette parole de laquelle pouvait dépendre le sort d'une tête. Elle ne vint point. Pour Alvarez Camyrrha eut un mépris souverain.

« Celui-là, c'est le voleur, dit-elle. Il est trop lâche pour frapper, même une femme. Il aurait peur qu'elle ne se défendît; mais ses mains sont avides et promptes. Tout lui est bon, il dépouillerait un cadavre arraché au repos de la tombe. Il s'est rué sur moi quand il m'a crue morte, et regardez à son cou, il porte encore un fichu qui m'appartenait. Les yeux de Camyrrha ne se trompent point, quoiqu'ils aient versé bien des larmes, et depuis longtemps; ils aperçoivent sur la soie le chiffre que j'ai autrefois brodé de mes mains. Ce chiffre est le nom chéri de mon époux, Djelloun-ben-Hamida. On ne voit que la première lettre ; mais déployez l'étoffe, et vous reconnaîtrez si je mens. »

Cette longue déposition était écoutée par la cour avec une attention scrupuleuse. Un interprète la traduisait phrase à phrase, et l'auditoire laissait parfois éclater ses émotions à chaque charge nouvelle qui pesait sur les accusés. Ceux-ci entendaient parler Camyrrha, ils comprenaient ce qu'elle disait, et leur figure bronzée demeurait impassible.

Cependant Alvarez ne put dissimuler son trouble aux dernières paroles de la veuve hadjoute. Il fit un mouvement comme pour dérober et faire disparaître la pièce de conviction qu'on invoquait contre lui. Mais sur un signe du président, les gendarmes détachèrent la cravate, et elle fut soumise à l'examen des experts assermentés. Ils déclarèrent que l'assertion du témoin était exacte. Les noms indiqués formaient sur le léger tissu une arabesque gracieuse de broderie.

« Je ne dis que la vérité, reprit Camyrrha. Est-ce que quelqu'un oserait mentir ici? Je ne sais ce qu'on a trouvé sur cet homme; mais il m'a volé six vieux sequins d'or de Constantinople qui formaient tout mon trésor et que je gardais pour le jour où, en la donnant à un époux, il faudra me séparer de ma nièce Éthel. Ce n'est pas une monnaie courante, et peut-être n'aura-t-il pas su ou osé s'en défaire. »

L'examen des pièces, qui se trouvaient sur le bureau devant la cour, confirma ce nouveau détail.

Devant ces révélations accablantes, Alvarez perdit tout à fait contenance. Il fut pris d'un tremblement convulsif qui contrasta singulièrement avec l'impassibilité de ses complices. Ayant vu l'inutilité de leurs dénégations, ils avouaient leur crime et attendaient la décision de la justice avec la résignation du fatalisme musulman. Ismaël seul niait toute participation à l'attentat avec une rare énergie, et, cela fait, ne paraissait plus suivre les débats qu'avec indifférence.

Pendant que Camyrrha accablait Alvarez, le fils de Kaddour épluchait dédaigneusement et grugeait une figue de Barbarie qu'une main charitable avait jetée dans son burnous durant le trajet de la prison au palais de justice.

« Quelques mots encore et j'ai fini, » reprit Camyrrha.

Et elle parut se recueillir comme pour donner à ses dernières paroles plus de solennité.

En ce moment se produisit un incident que nous passerions sous silence s'il ne servait à faire voir comment chacun en Algérie sait user de ses droits et faire respecter ses prérogatives. Le hasard d'un exercice militaire avait conduit un régiment dans la rue où se trouvait le Palais de justice. Il marchait musique en tête, et le bruit des tambours menaçait de troubler l'audience.

« Huissier, dit le président, allez dire à ces soldats que l'œuvre de la justice a besoin de silence et de recueillement. Que ces musiques cessent leurs fanfares, que ces tambours se taisent! C'est moi qui l'ordonne. »

Et un instant après, par les fenêtres ouvertes, on n'entendit plus que le bruit sourd, monotone et régulier des soldats en marche.

Cet incident vidé, Camyrrha releva sa tête avec noblesse, et dit d'une voix forte :

« J'ai été éprouvée entre toutes les femmes. J'ai assisté à la ruine de ma maison. J'ai vu tomber la puissance de ma tribu, piller mes biens, dévaster et brûler mes moissons, et périr par le fer ceux que j'aimais. Tous ces maux, je les ai supportés comme une punition du maître de toutes choses. Il fallait les accepter avec résignation, comme tout ce qui vient de lui. Mais ceux qui ont été durs à mon cœur sont les maux qui me sont venus des hommes que j'avais le droit de considérer comme mes frères, de ceux que j'appelais ainsi. Deux fois j'ai été de leur part victime d'attentats odieux ; deux fois ils ont voulu ma mort, ils ont assassiné, pour la voler, une pauvre femme comme moi! Une femme sans défense, sans protecteur ! Je tiens donc à le dire ici : Je renonce à leur fraternité. Le Dieu qu'ils invoquent sans cesse n'est pas le mien. J'aime et j'adore celui qui rend le cœur bon, doux et compatissant à l'infortune. Je l'ai trouvé deux fois parmi les chrétiens, et la dernière, d'une telle façon, que je ne puis plus hésiter. J'ai senti les mains pieuses des femmes chrétiennes sur mon front meurtri, lorsqu'elles étanchaient le sang qu'avait fait couler le bâton de ces misérables ; j'ai vu le doux regard de leurs yeux qui attendait mon retour à la vie. La guerre est la guerre ; qu'elle accomplisse son œuvre, nul n'a le droit de s'en plaindre. Mais le Dieu des chrétiens est celui qui parle à mon cœur. Puisqu'il me reste encore quelques jours, je veux les passer à invoquer son nom et à le bénir. »

Ces paroles amenèrent, aussi bien sur les fauteuils des magistrats que dans les rangs de l'auditoire, une émotion telle que la cour suspendit l'audience pour donner à tous les cœurs le temps de calmer leur agitation. Jamais, depuis notre occupation algérienne, pareil fait ne s'était produit. Son importance s'accroissait encore de la haute position de Camyrrha. Car, malgré ses malheurs, on ne pouvait voir en elle une femme vulgaire. La noblesse de son langage et de son attitude dénotait toujours l'épouse du dernier chef des Hadjoutes[1].

1. Le fait de la conversion d'un musulman au catholicisme est si rare en Algérie que nous n'aurions pas osé l'inventer. Quand on peint des mœurs, l'imagination n'a pas toute latitude et toute liberté. Le fait que nous relatons s'est donc produit aux assises de Mostaganem dans le courant de l'année judiciaire que

C'était sans avoir préalablement communiqué sa résolution ni au colonel, ni à la comtesse, que Camyrrha venait de parler ainsi devant la justice. Et pour bien comprendre comment et pourquoi elle venait faire une semblable déclaration devant des magistrats, qu'on n'oublie pas que chez les musulmans l'idée de religion et celle de justice ne se séparent jamais. Le Koran, comme la Bible, est un code universel. Il a réglé l'Etat social tout entier. Il en était toujours de même autrefois; on retrouve le même fait dans toutes les vieilles législations. Si quelque chose est essentiellement moderne, c'est l'énergique et absolue séparation des pouvoirs. La virilité des sociétés se marque par la gestion diverse du spirituel et du temporel.

La nouvelle circula bien vite dans toute la ville de Mostaganem. Les débats de la

nous terminons (1863). La meilleure source d'invention pour le romancier est et sera toujours l'observation de ce qui se passe sous ses yeux.

cour d'assises étaient bien petits à côté de cet événement. Le nom de Camyrrha était dans toutes les bouches. On s'entretenait d'elle aussi bien au café maure et sur les places publiques que dans les salons. Pour la dérober à la curiosité générale, le colonel Durand, qui l'avait accompagnée à Mostaganem, afin de la protéger au besoin, la pria de ne point quitter la maison où ils étaient descendus, et, le même soir, il revint avec elle à Mascara.

L'arrêt avait été prononcé. Trois têtes devaient tomber et le lieu désigné pour l'exécution était Saïda. Pour Ismaël comme pour Alvarez s'ouvrait le bagne.

Mais le fils de Kaddour n'avait pas perdu son temps. Dans la figue de Barbarie qu'il mangeait pendant que Camyrrha faisait sa déposition, il avait trouvé une lime intelligemment cachée dans le fruit. Avec cet instrument, il avait sans bruit scié les fers qui attachaient ses mains. Lorsqu'on le ramenait à sa prison, il profita du passage sur une place où des Arabes tumultueux se trouvaient en grand nombre, et opéra la plus hardie des évasions en renversant deux gendarmes de l'escorte. Un instant, pendant qu'on se remettait de la première émotion, on le vit bondir à travers les rues comme une panthère traquée par les chasseurs; mais on perdit bien vite sa trace, et on ne la trouva plus. L'éducation de Kaddour portait ses fruits. Il aurait fallu un homme comme le père d'Ismaël pour dépister le fils, du moment qu'il avait gagné la campagne. Là, sous un des premiers arbres du chemin, Ismaël trouva un cheval tout harnaché qui n'attendait qu'un cavalier pour dévorer l'espace et se perdre dans le désert. Des armes étaient abandonnées sur le sol. Avec un peu de bonne volonté, on aurait bien pu découvrir la main intelligente qui se cachait au fond de toutes ces circonstances. Mais qu'importait désormais à la justice? L'arrêt prononcé, n'avait-elle pas accompli son œuvre? Plusieurs mois après, on apprit que le jeune homme avait fui jusqu'au delà de Sebdou, derrière les grands Chott, et qu'il s'était fait une existence vagabonde, mais indépendante, parmi les populations qui habitent la région dite des K'sour.

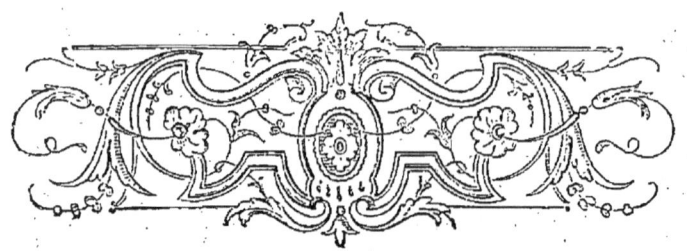

XIII

a vie à peu près heureuse qu'on menait à Mascara, après tous ces événements, allait subir quelques modifications. Le colonel Durand était rappelé en France. Les affaires qui intéressaient son cœur ne faisaient pas beaucoup de chemin, du moins s'il fallait en juger par les apparences. Entièrement occupée de l'éducation d'Éthel, la comtesse de Sumène n'avait pas une seule fois rappelé ce voyage de Tlemcen, sur lequel le colonel avait hâtivement bâti tant d'espérances avec la folle crédulité des

amoureux de tous les âges. Il est vrai qu'on en avait à peine dit quelques mots en l'air ; mais ces quelques paroles avaient suffi au colonel pour dresser tout un plan qu'une lettre venue de France renversait brusquement de fond en comble. Comme pour compléter l'infortune de ce brave homme, la comtesse ne parlait pas, ne laissait pas deviner ce qui s'agitait dans les replis intérieurs de sa pensée ; elle semblait avoir oublié totalement les paroles échangées au désert, au pied de la cascade de Tifferit. Dans sa maison, tout avait conservé cet aspect calme et doux qui faisait le plus grand charme de son intérieur. Le jour qui s'écoulait y ressemblait aux jours écoulés. Chaque heure avait son occupation, qu'interrompaient à peine de loin en loin quelques rares visites. En devenant les hôtes de la comtesse, Camyrrha et Éthel n'avaient fait que remplir les vides d'une existence sur laquelle pesait quelquefois l'oisiveté.

Fidèle à la parole donnée comme à une consigne militaire, le colonel Durand attendait avec patience, mais non pas sans anxiété, qu'un mot vînt lui rappeler la décision suprême de son sort. Un sentiment de plus en plus violent emplissait son cœur et s'était emparé souverainement de tout son être. Mais ce sentiment avait toutes les timidités qu'on remarque dans les premières passions chez un adolescent délicat. Rêveur et silencieux, le colonel passait généralement toutes ses soirées chez la comtesse, et son œil seul aurait pu de loin en loin déceler à un observateur subtil la flamme vive qui incendiait son cœur. Heureux de se trouver auprès de la femme aimée entre toutes, de vivre dans l'air qu'elle respirait, pour le moment le colonel n'en demandait pas davantage et se contentait de son lot. En se montrant impatient, il eût craint de compromettre l'avenir, et il se résignait à suivre les progrès d'Éthel, à écouter des caquetages féminins de salon, pourvu que ses yeux pussent de temps à autre se reposer sur la comtesse adorée.

La lettre ministérielle qui le rappelait en France produisit sur le colonel l'effet d'un brusque réveil. Il lui sembla qu'il sortait d'un rêve. Cependant, avec cette résolution énergique qu'il puisait toujours dans son tempérament aux heures de crise suprême, il voulut savoir ce qu'il devait attendre et espérer de cet amour avant de quitter la terre d'Afrique. D'une main fiévreuse il écrivit à la comtesse de Sumène pour lui demander une entrevue, qui fut accordée sur-le-champ et fixée aux premières heures de l'après-midi.

Cette démarche du colonel surprit bien quelque peu la comtesse, mais depuis quelque temps la vie telle qu'elle se faisait chaque jour lui paraissait si bonne, que la jeune femme n'y prit pas autrement garde et attendit fort patiemment le colonel. Au reste, puisqu'elle n'était point dominée par la passion, n'avait-elle pas à toute heure quelque distraction et ce jour-là ne devait-il pas lui en venir une nouvelle ?

Octave de Kessigny n'avait point oublié la promesse qu'il avait faite à sa sœur. Loin de là, il s'était appliqué à la bien tenir, et, à force de soins, était parvenu à reproduire et à fixer la scène de la fontaine avec un véritable talent d'artiste. En y regardant de près seulement, on aurait pu remarquer que la main du dessinateur avait tremblé plus d'une fois en traçant le visage des femmes, surtout de la plus jeune, qui conservait, nonobstant une intention évidente de dissimulation, une vague ressemblance avec Éthel.

La comtesse de Sumène venait de recevoir ce tableau quand parut le colonel Durand.

Éthel, qui partageait naïvement l'admiration de la comtesse, se retira devant son protecteur.

« Voyez donc, colonel, dit la jeune femme avec cette grâce enchanteresse qui en faisait la plus dangereuse des sirènes, voyez donc le charmant pastel que m'envoie mon frère. Désormais, ce sera le plus bel ornement de mon salon. »

Le colonel avait pris la main qu'on lui avait offerte, puis s'était posé silencieux devant le travail artistique. Cette marque d'admiration lui servait à rappeler son sang-froid. Car, s'il était fort ému chaque fois qu'il se trouvait en présence de la femme, objet de son culte, combien plus devait-il l'être ce jour-là, où il venait jouer une partie suprême de laquelle pouvait dépendre tout le bonheur de son avenir ! Moins préoccupée, la comtesse aurait remarqué la pâleur nerveuse du colonel. Cette pâleur ne couvre le visage d'un homme de cœur qu'aux heures décisives. Elle est l'indice des fortes résolutions.

Après avoir donné au tableau les éloges qu'il méritait :

« Ce pastel, dit le colonel avec une voix dont il ne parvenait pas à dompter l'émotion, ce pastel me rappelle un des derniers beaux jours de ma vie. Désormais, il n'y en aura plus de semblables pour moi.

— Et pourquoi donc, colonel?

— Parce que je vous quitte, madame. Je rentre en France promener de ville en ville les ennuis de ma vie de garçon. Le ministre me rappelle. Je suis soldat, il faut que j'obéisse. »

Il y eut un silence de quelques instants. Les yeux fixés sur le parquet, la comtesse paraissait réfléchir. Enfin, après plus d'une hésitation, elle reprit :

« Colonel, dans une nuit solennelle, en face des étoiles de Dieu, et au milieu des plus suaves harmonies de la création, je vous ai promis de vous parler avec franchise le jour où je sentirais pour vous dans mon cœur plus que de l'estime. Des nuits pareilles, on ne les oublie jamais. Le moment de la franchise est venu un peu plus tôt que je ne pensais; mais, qu'importe? S'il ne reste que mon consentement à obtenir pour que je quitte le nom que je porte, et pour que je prenne le vôtre, colonel, je donne ce consentement. »

Il faut avoir aimé pour comprendre quel fut, à ces paroles, le ravissement du colonel. Il faut surtout avoir apporté dans la passion des effluves de jeunesse tenues en réserve depuis longtemps, faute d'emploi. Elles sont si touchantes lorsque les premières rides ont déjà sillonné profondément les tempes et le front! Celui qui conservait tout son courage, tout son sang-froid, toute son énergie, lorsque la mitraille fauchait tout autour de lui les bataillons comme des épis mûrs et pouvait l'atteindre aussi bien qu'un autre, cet homme, salué intrépide parmi les plus intrépides dans vingt batailles, n'eut pas la force de supporter son bonheur.

La pâleur qui couvrait son front devint lividité. Le cœur battit dans la poitrine avec une force qui aurait inquiété un médecin. Pendant une minute cette angoisse que le bonheur causait ressembla fort à l'angoisse suprême de la douleur.

Le colonel se remit cependant. Il prit la main de la comtesse et voulut la porter à ses lèvres. Une larme brûlante fut tout le baiser qu'il y déposa.

Elle s'était échappée d'un œil qui n'en avait jamais versé; larme douce qui dit à la comtesse, bien mieux que les paroles, combien elle était aimée.

De semblables émotions doivent être rapides, sans quoi elles apporteraient dans l'être tout entier une perturbation dangereuse. Notre organisme est si frêle qu'il est impuissant à soutenir longtemps de pareils assauts. C'est pour les natures trop sensibles que nos pères avaient inventé cet adage plein de sens : la lame use le fourreau. Nous pourrions ajouter que lorsqu'il va faire éruption, le volcan brise tout ce qu'il contient.

En paraissant sur la galerie intérieure, Éthel vint rendre au colonel son énergie virile, à la comtesse le courage de ne pas trahir à tous les yeux l'état de son cœur. Car elle était aussi émue que l'homme auquel elle venait d'assigner une place parmi les plus heureux et une femme délicate a toutes les pudeurs.

XIV

C'était l'heure où la jeune fille se rendait chaque jour auprès de sa bienfaitrice, pour prendre sa leçon de langue française, et elle était plus exacte que le meilleur chronomètre de Bréguet. Combien elle était encore embellie depuis Saïda !

Dans la maison de la comtesse, la femme s'était développée avec la vigueur d'une plante équatoriale, sans rien perdre des grâces virginales qui lui donnaient tant de séduction. Seulement, depuis quelques jours, on remarquait que parfois ses grands yeux pensifs étaient voilés de tristesse, surtout après de longs entretiens qu'elle avait avec Camyrrha. Personne n'avait reparlé à la veuve hadjoute du dernier incident des assises de Mostaganem. On la laissait entièrement libre et seule avec sa conscience.

On attendait, pour la confier à un prêtre, qu'elle réclamât l'instruction religieuse qui lui manquait. Mais Camyrrha n'était point une femme légère. Les paroles qu'elle avait dites devant la cour d'assises exprimaient un projet fortement arrêté dans sa tête, qui devait, sous peu de jours, être mis à exécution. En attendant, elle faisait du prosélytisme à sa manière, et cherchait à faire partager sa résolution par sa nièce. C'était ce qui attristait la gracieuse enfant qui déjà avait une volonté énergique, et ne voulait subir l'influence de personne dans la direction de sa conscience.

En voyant que la comtesse n'était pas encore seule, Éthel s'arrêta à la porte du salon et fit mine de se retirer, comme si elle eût craint d'être importune.

Mais la comtesse lui dit d'une voix douce :

« Approche, mon enfant. Il ne faut pas que tu perdes ta leçon aujourd'hui. Colonel, vous allez me permettre d'accomplir le devoir que je me suis imposé. Vous reviendrez un peu plus tard. J'ai besoin de vous voir dans la journée. Faites mieux, si vos affaires vous le permettent, venez dîner avec nous, mon ami. »

Le colonel s'inclina en signe d'acquiescement. Il était si heureux que les paroles expiraient dans sa gorge et que les pensées tourbillonnaient dans son cerveau.

Quand il se retrouva seul, il alla promener ses enchantements au ravin de l'Arghoub, admirant les fleurs et leur trouvant des beautés qu'il n'avait jamais remarquées. Depuis qu'il se savait aimé, le colonel avait rayé vingt ans de son acte de naissance. Il faisait sortir de son cœur des trésors de poésie qui n'avaient jamais été utilisés, et cette exhumation le jetait dans des joies que comprennent seuls ceux qui les ont goûtées.

S'il lui avait fallu, en ce moment, se livrer à un travail quelconque, il se serait trouvé dans une impossibilité radicale. Comme a dit le poëte, il marchait vivant dans son rêve étoilé. Ce rêve est de ceux devant lesquels s'évanouissent toutes les réalités contingentes, filles de l'ambition et des devoirs quotidiens. Pour le colonel, la solitude seule avait des charmes, parce que dans la solitude il pouvait donner ses pensées tout entières à la femme aimée en attendant qu'il pût retourner auprès d'elle.

Après le dîner, Octave sortit comme il faisait chaque soir. Bien que vivant tout à fait en famille avec sa sœur, il aimait à conserver d'excellentes relations avec ses camarades dont il était aussi aimé qu'estimé. Tous les jours on était donc certain de le voir arriver au cercle militaire, qui est le grand centre de réunion dans toutes les petites villes africaines, aux premières heures du soir, et y passer quelques instants. Le colonel resta en tête-à-tête avec la comtesse et rien ne pouvait lui être plus agréable. Éthel tenait compagnie à Camyrrha, qui n'avait pas voulu, dans la maison hospitalière, changer les habitudes qu'elle avait dans son bordj. Elle vivait à part, n'admettant pas que les serviteurs de la maison s'occupassent d'elle en dehors de certaines heures et sauf pour la satisfaction des premières nécessités. La femme du désert ne voulait tolérer de la civilisation européenne que juste ce qu'elle ne pouvait refuser sous peine d'ingratitude.

Le moment était donc propice aux causeries intimes dans ce salon où le colonel savourait les délices de se sentir aimé.

« Mon ami, dit la comtesse, je vous l'ai dit ce matin ; je serai votre femme quand vous le voudrez. Permettez-moi donc de supprimer dans notre situation bien des choses qui ne sont plus de mon âge, ni du vôtre. L'affection sérieuse, qui passe par l'estime réfléchie pour arriver à un sentiment plus tendre et en même temps pur, doit avoir des priviléges. J'en use. Dès aujourd'hui j'ai besoin de m'entretenir à cœur ouvert avec vous. Êtes-vous disposé à m'entendre?

— Aujourd'hui et toujours, madame.

— J'ai une grande inquiétude, mon ami.

— Laquelle?

— Avez-vous remarqué qu'Éthel embellit à vue d'œil? A Saïda, quand nous la vîmes pour la première fois, on aurait pu croire qu'il était impossible d'être plus souverainement jolie que cette jeune fleur du désert. On se serait trompé. L'Éthel de Saïda est surpassée par l'Éthel de Mascara que vous avez vue aujourd'hui.....

— Je l'avoue... J'en ai été surpris. Jamais femme n'a mieux porté son nom resplendissant.

— Et c'est là précisément ce qui me cause une espèce de chagrin : car je crois que mon frère n'est pas indifférent à cette beauté. Il n'en parle pas, il se conduit avec une discrétion rare. Mais voilà pourquoi je tremble. Je sais ce que peut devenir un sentiment concentré, et où il peut conduire un honnête homme.

— Madame, Éthel est bien jeune.

— Oui, et cette jeunesse me rassure parfois; car je sais mon frère incapable d'une séduction, et surtout sous le toit qu'habite sa sœur. Cependant, quand je vois Éthel femme accomplie, je ne puis m'empêcher de revenir à mes inquiétudes. Plus il se cache, plus je suis persuadée que mon frère vit sans cesse avec la pensée de cette jeune fille au front. Aujourd'hui, quand il m'a apporté ce pastel, j'ai été sur le point de m'ouvrir à lui. L'occasion était naturelle. Je n'avais qu'à lui demander pourquoi il avait mis une Mauresque avec ses grands voiles blancs à la fontaine, où nous n'avions vu que des femmes arabes. Et puis, je n'ai pas osé.

— Madame, si vous le permettez, je ferai ce que vous n'avez pas osé faire. Octave a beaucoup d'affection pour moi, et je lui inspire une certaine confiance. J'irai droit au but....

— Gardez-vous-en bien, mon ami. Si le sentiment est réel, Octave n'avouerait rien et serait blessé de votre ouverture. Il vaut mieux attendre et tenir les yeux ouverts. J'ai voulu vous avertir, afin que nous soyons deux à porter ce lourd secret. Aujourd'hui surtout, je ne pouvais pas le garder pour moi seule dans mon cœur. Je n'ai plus le droit d'être égoïste à ce point. N'ai-je pas aliéné la moitié de ma liberté, pour conquérir à la fois un conseiller et le meilleur des appuis ? »

La comtesse accompagna cette phrase d'un sourire radieux, dans lequel le colonel entrevit l'aurore de tous les bonheurs qui allaient être réalisés pour lui dans un prochain avenir.

« D'ailleurs, qu'Éthel tienne ce qu'elle promet, qu'elle continue à travailler, reprit la comtesse, comme elle fait depuis qu'elle est entre nos mains, et elle deviendra une femme aussi distinguée que belle. Alors, ce qui est une cause de tourment aujourd'hui, deviendra une source de joie : car ce n'est pas moi qui contrarierai jamais les affections de mon frère quand elles seront dignes de lui. Laissons donc faire au temps, et défions-nous des soupçons prématurés. »

En exposant cette situation, la comtesse avait dans la voix des modulations si douces qu'elle enivrait facilement celui qui l'écoutait. Il n'osait l'interrompre afin de rester plus longtemps et plus complétement sous le charme. Elle s'interrompit elle-même, ayant tout dit.

Le colonel allait répondre lorsque l'intendant Masvert et sa fille entrèrent dans le salon, suivis de près par le docteur Coignet et sa femme. Ils venaient ainsi chaque soir, les uns et les autres, passer une heure ou deux avec la comtesse. Cette douce habitude n'empêchait pas les visites de jour qui, depuis le retour de Saïda, étaient consacrées à l'éducation d'Éthel. Mlle Masvert s'était instituée professeur de musique. Quant à Mme Coignet, elle avait pris à tâche de donner à la jeune Mauresque son habileté dans les travaux d'aiguille, et cette habileté était des plus remarquables. Pour tout, Éthel avait une de ces organisations qui ne demandent qu'un peu de culture. Mais elle avouait ingénûment ses préférences pour les broderies, ce qui rendait tout heureuse la bonne Mme Coignet dont les livres n'avaient jamais gâté l'imagination.

« Colonel, dit l'intendant, quand chacun eut pris sa place accoutumée, il n'est bruit dans Mascara que de votre prochain départ pour la France. Le capitaine a donné la nouvelle au cercle, et aussitôt elle a fait le tour de la place.

— C'est vrai, mes amis, je suis rappelé, et il paraît même qu'il y a urgence, car on me recommande de hâter mon départ le plus que je pourrai.

— Serez-vous longtemps absent? demanda le docteur Coignet.

— Je ne sais absolument rien de plus que ce que je vous dis. Je suis mandé au ministère, voilà tout.

— Cela me contrarie beaucoup, reprit le docteur.

— Brave ami, fit le colonel en lui tendant la main.

— Oui, comme ami d'abord, et puis pour autre chose.

— Quoi donc ?

— Voici.... Je suis chargé d'une mission délicate auprès de vous et de Mme la comtesse. J'ai, vous le savez, la confiance entière de Camyrrha. Elle peut causer avec moi, et elle en profite pour me dire tout ce qui se passe dans sa tête et dans son cœur. Aujourd'hui elle m'a parlé de se faire instruire dans la religion chrétienne qu'elle veut embrasser. Le médecin du corps n'est pas le médecin de l'âme. Je l'ai parfaitement fait comprendre à Camyrrha. Elle a voulu savoir tout ce qu'il y avait à faire, et je le lui ai expliqué de mon mieux; ce qui, au demeurant, n'a pas dû être très bien. Je crois qu'il est temps d'appeler un prêtre. Camyrrha n'ignore pas que je dois vous communiquer ses confidences, et elle compte que la comtesse, le colonel et nous tous la seconderons dans ses projets.

— Certainement, oui, nous la soutiendrons, dirent la comtesse et les deux femmes.

— Je ne vois pas en quoi mon départ contrarie...

— Pardon, mon colonel... Le premier acte de la vie chrétienne est le baptême, et pour tout baptême il faut un parrain. Camyrrha, qui ne manque pas de tact, vous a choisi pour cet office, en même temps qu'elle prie Mme la comtesse d'être marraine. Voilà la mission dont je suis chargé auprès de vous. Acceptez et ne regardez pas au négociateur.

— Pouvez-vous douter de notre consentement ? dirent ensemble la comtesse et le colonel. Seulement, reprit celui-ci, nous rejetons la dernière phrase. Nous n'acceptons pas cette modestie et nous regardons au contraire beaucoup au négociateur. Il n'en est pas qui pût nous être plus agréable. Cela nous montre que Camyrrha sait convenablement reconnaître le bien qu'on lui fait. Vous lui avez sauvé la vie, et elle vous regarde comme un père. Elle est digne d'être chrétienne.

— Dès demain on se mettra à l'œuvre, ajouta la comtesse en souriant au docteur pour lui montrer qu'elle voulait sa part dans les paroles agréables qu'avait dites le colonel.

— Nous aurons une écolière de plus,

dirent Mlle Masvert et Mme Coignet, car nous voulons toutes les trois être les auxiliaires du prêtre.

— Très-bien, fit le colonel. Mais toutes ces instructions, tous ces préparatifs prendront du temps. J'ai donc le loisir de faire une excursion à Paris et de revenir pour la cérémonie. Peut-être, avant mon retour, apprendrez-vous une nouvelle bonne pour moi et qui vous réjouira.

— Quoi donc?

— La comtesse, à laquelle je fais mes confidences et qui me permet d'échanger quelques lettres avec elle, pendant mon absence, vous instruira dès qu'elle jugera le moment convenable.

— Il s'agit de l'épaulette étoilée, dit l'intendant à l'oreille du docteur, et le colonel ne veut en parler que lorsqu'il sera sûr de la tenir. Je parierais cent contre un que j'ai deviné.

— Et vous gagneriez votre pari, » répondit le docteur sur le même ton.

Mme Coignet se contenta de lancer un regard et un sourire à Mlle Masvert, qui la comprit et l'approuva par un signe de tête imperceptible. Avec leur finesse de femmes, elles avaient depuis longtemps deviné le mariage qui se projetait. Mais elles aimaient trop la comtesse pour se montrer indiscrètes.

Rien n'égale la délicatesse que les femmes savent apporter dans les sentiments affectueux qu'elles se vouent entre elles. Pour nous, généralement, un ami est un être qui nous est plus sympathique que nos autres contemporains, et qui nous rend des services à l'occasion. Il n'est même pas rare qu'on se décharge sur lui de bien des ennuis. Pour les femmes, une amie est tout autre chose; à toute heure, on est prête à lui prouver l'affection qu'on lui porte par quelque acte de dévouement, et ce dévouement est toujours guidé par l'intelligence et la sagacité. Un mot jeté comme par hasard, aurait suffi pour ouvrir les yeux à l'intendant et au docteur. Un homme n'aurait pas manqué de le dire, n'eusse été que pour alimenter la conversation. Les femmes s'abstinrent et se turent. Elles gardaient le secret mieux que si on le leur avait confié.

En entrant dans le salon, Octave fit changer la causerie et l'incident ne fut bientôt plus qu'un souvenir.

XV

E colonel Durand s'ennuie à Paris. Il a laissé la meilleure partie de lui-même à Mascara, et les lettres de la comtesse sont la seule distraction qui lui plaise. Elles arrivent avec cette régularité monotone qu'impose un unique courrier hebdomadaire, et sont toujours impatiemment attendues. Le colonel les ouvre avec une vivacité fébrile, et, quand il les a lues une fois, il les relit encore, comme si, dans cette écriture cursive, il retrouvait tout entière celle qu'il aime avec les ardeurs de sa jeune nature.

Depuis longtemps il a donné tous les renseignements qu'on attendait de lui et il ne sait plus pourquoi on le retient. Mais on ne fait pas toujours agir les bureaux d'un ministère important, comme on le voudrait. Un mois s'est écoulé, et le colonel ne peut obtenir ce qu'il sollicite, son renvoi en Algérie. Cependant, il vient de recevoir une lettre qui presse, et qui demande une prompte réponse.

« Revenez, mon ami, lui dit la comtesse. Nous avons besoin de vous à Mascara. Octave m'a fait ses confidences. Il m'a ouvert son cœur sans détour. Je ne m'étais pas trompée. Mon frère aime Éthel de toutes les forces de son âme. Il comprend néanmoins tous les inconvénients de cette passion. Sa seule espérance est qu'ils soient momentanés. Il a foi dans l'avenir et se résigne à attendre.

« Lorsqu'il m'a parlé avec cette franchise cordiale qui a toujours existé entre nous, je venais de lui faire moi-même part de mes projets. Il a tout approuvé. Dès que mon cœur avait parlé, il n'avait pas autre chose à faire, a-t-il dit. D'ailleurs, il estimait et aimait trop le colonel Durand pour ne pas voir avec bonheur son entrée dans la famille. Je vous envoie textuellement ce qu'il m'a dit pour vous prouver qu'Octave est toujours l'excellent cœur et l'excellent esprit que vous avez pu apprécier dans des circonstances graves. L'aimeriez-vous sans cela ? Après cette bonne parole, pouvais-je le gronder, pouvais-je le blâmer, mon ami ? Octave n'est plus un enfant. Il y a longtemps que vous lui avez reconnu toutes les qualités sérieuses d'un homme. Cela me fait faire dans mon coin bien des réflexions que je vous déduirai tout au long quand vous serez près de moi.

« Éthel est bien la plus douce et la plus aimante créature qui se puisse voir. Vous en serez fier. De jour en jour, je m'attache davantage à cette enfant, votre pupille et la mienne. Je suis heureuse avec elle. Quand elle arrive par la galerie intérieure, elle éclaire mon salon comme un rayon de soleil. Et cependant plus je la connais, plus je l'étudie, plus je trouve que sa beauté est la moindre des qualités qui la recommandent à mon affection. Elle parle déjà le français assez bien pour causer avec moi. Toutes ses idées partent d'un esprit sain et d'un cœur pur. Je suis enchantée de mon inspiration de Saïda.

« Camyrrha est un caractère de fer et un cœur d'or. De la religion, elle ne veut comprendre que la charité. Elle dit sans cesse que cela seul l'amène aux pieds du Dieu des chrétiens. Ce qui n'empêche pas qu'on n'attend plus que vous pour fixer le jour du baptême.

« Vous le voyez donc, mon ami, nous avons besoin de vous ici. A moi, surtout, votre présence est nécessaire. Revenez-nous. Le plus tôt sera le meilleur. »

Cette lettre donna une énergie nouvelle

au colonel Durand. Il se rendit au ministère de la guerre, et vit enfin ses démarches et ses efforts aboutir au succès qu'il convoitait. Le ministre lui accordait une nouvelle mission en Algérie.

Comme un bonheur n'arrive jamais seul, le colonel apprit en même temps que le capitaine Octave de Kessigny était nommé chef d'escadrons au 2ᵉ régiment de chasseurs d'Afrique, avancement rapide que justifiaient les brillants états de service du capitaine. En annonçant ces bonnes nouvelles à la comtesse, le colonel fixait à un jour prochain, la date précise de son retour, et insinuait délicatement que rien ne devait plus désormais retarder le mariage.

La comtesse, d'après cette lettre, jugea le moment venu de dire ce qu'on avait laissé à sa discrétion. Le même soir, elle fit part des projets arrêtés à sa société habituelle, et dès le lendemain les premiers bans étaient publiés.

« C'est égal, disait à ce sujet l'intendant

Masvert au docteur, je tiens à mon idée. Vous verrez que la comtesse n'épousera pas un colonel : Durand nous reviendra avec les étoiles. »

Cette prédiction ne devait se réaliser que quelques mois plus tard. Les épaulettes étoilées, qui auraient été un joyau de plus dans la corbeille de mariage, arrivèrent pendant la lune de miel. Si elles ajoutèrent au bonheur des époux, il n'y parut guère. Il y a des bornes à tout dans ce monde habité par des êtres finis, même à la félicité.

Le lendemain de la cérémonie nuptiale, Camyrrha avait solennellement renoncé à la foi musulmane et reçu le baptême chrétien. Octave avait rejoint son nouveau régiment. Éthel, heureuse entre les deux époux, ses bienfaiteurs, ne demandait que la continuelle durée de la vie douce qu'elle menait. Gentille et légère comme un oiseau familier, elle remplissait la galerie intérieure de son mélodieux caquetage. La langue française adoucissait toutes ses aspérités sur les lèvres de la jeune Mauresque, qui employaient des sons étrangers pour exprimer toutes les politesses et toutes les gracieusetés de l'urbanité orientale. Nonobstant la culture nouvelle, l'esprit et les idées avaient encore conservé les parfums particuliers du désert, et l'on ne pouvait se défendre de se plaire en les respirant.

Cependant, comme nous l'avons dit, sa bienfaitrice avait cru parfois remarquer qu'Ethel était plongée dans des rêveries qui n'étaient pas de son âge et qui contrastaient avec son caractère habituel. Mlle Masvert avait fait la même observation. Elle interrogea délicatement la jeune fille, et celle-ci répondit que l'exemple de Camyrrha avait touché son cœur, et que désormais elle voulait servir le même Dieu que sa tante et ses bienfaiteurs.

La vieille veuve hadjoute avait liberté pleine et entière dans la maison de la rue du Chéliff. On la laissait aller et venir à sa guise. On ne s'occupait d'elle que pour s'enquérir de ses besoins. Jamais on ne s'était inquiété de ses démarches, on ne lui avait demandé compte des provisions qu'elle emportait. Quand elle voulait voir soit le colonel, soit la comtesse, elle recevait toujours le même accueil bienveillant, et plusieurs fois on l'avait entendue s'écrier qu'elle se trouvait plus puissante et plus honorée que lorsqu'elle vivait sous la tente de son époux. L'aveu d'Éthel conduisit à rechercher ce que faisait Camyrrha, et l'on découvrit alors une conduite admirable de charité.

Matin et soir, la vieille femme visitait les malades et les nécessiteux. Qu'ils fussent musulmans, israélites ou chrétiens, peu lui importait ; elle pénétrait partout, et partout elle apportait des secours et des consolations. La première fois qu'elle parut au milieu des huttes sordides et des gourbis de ses anciens coreligionnaires, elle fit montre d'une grande énergie et d'un rare sang-froid : quelques fanatiques essayèrent de lui faire un mauvais parti ; mais elle prononça le nom du colonel et la crainte retint les plus audacieux. Camyrrha habitait une trop haute maison pour n'être point partout en sécurité dans Mascara. Bientôt, aussi bien dans les villages arabes du Nord et du Midi que dans les humbles maisons de la ville, elle fut entourée de ce respect et de cette vénération que commande la popularité parmi les malheureux.

Voilà ce qui avait touché le cœur d'Éthel, ce qui la déterminait à son tour à vouloir quitter la religion de Mahomet. Depuis longtemps, Éthel savait tout ce que Camyrrha faisait mystérieusement et en secret ; et si elle avait gardé le silence, c'est qu'elle voyait sa tante s'entourer constamment de prudence et de discrétion. Pour avoir la vérité de la bouche de la jeune fille, la comtesse n'aurait eu qu'un mot à dire, qu'une interrogation à poser. Par respect et par délicatesse, elle aima mieux prendre ses informations elle-même et pleinement édifiée :

« Écoute, mon enfant, lui dit sa bienfaitrice après toutes ces découvertes, tu es bien jeune pour prendre une détermination grave. Dans quelques mois nous devons faire un voyage en France : viens avec nous. Là tu verras, tu penseras, tu jugeras, et tu pourras agir en pleine connaissance de cause. Je te promets de ne pas contrarier tes inclinations. »

Et comme pour donner une sanction à ses paroles et à ses promesses, la jeune femme embrassa avec une tendresse maternelle Éthel, qui retourna joyeuse à ses travaux. Il est si facile de rendre la gaieté à la jeunesse !

Le voyage annoncé de cette façon et qui était dans les projets des nouveaux époux devait être hâté par les circonstances politiques. L'expédition du Mexique se préparait. Les escadrons que commandait Octave de Kessigny furent désignés pour faire la campagne et reçurent l'ordre de se tenir prêts pour l'embarquement. Le jeune commandant, qui depuis sa promotion au grade supérieur n'habitait plus Mascara, vint faire ses adieux à sa sœur, et celle-ci le suivit à Oran pour passer avec lui les quelques jours qui les séparaient de l'heure du départ. Octave était heureux de l'expédition, et ne cherchait pas cependant à dissimuler combien son cœur était rempli de l'image d'Éthel. Depuis les aveux, depuis le mariage de sa sœur, il se sentait à l'aise et parlait volontiers de ses espérances d'avenir. Cependant comme c'était un homme de grand sens, il fit son testament et légua la majeure partie de ce qu'il possédait à la jeune fille.

« Cela lui fera une dot, disait-il en remettant à sa sœur le papier qui contenait ses dernières volontés. Si je meurs, avec cette fortune Éthel trouvera un honnête homme qui la rendra heureuse.

— Mon frère, ne parlez pas ainsi.

— Bah! à la guerre, on sait combien on part ; on ne sait jamais combien on reviendra. »

Ainsi parlait-on en attendant les navires de transport qui devaient amener l'expédition au delà de l'Atlantique. Les flammes des vigies, au sommet des forts, les signalèrent enfin à toute la population anxieuse. Quelques heures après ils étaient sur rade et le grand mouvement commença. Le moment suprême était arrivé.

Les adieux furent déchirants en famille. Mais à l'aube, quand, musique en tête et la chanson sur toutes les lèvres, les escadrons passèrent dans les rues d'Oran pour aller s'embarquer au port de Mers-el-Kébir, rien de ces émotions ne paraissait sur la mâle figure d'Octave de Kessigny.

XVI

L'ÉLOIGNEMENT est la véritable pierre de touche des affections. Les lettres que le commandant a écrites de Vera-Cruz, de Cordova, d'Orizaba, de Puebla, sont toutes pleines d'Éthel. Sa sœur n'ose les lire qu'à son mari, et s'efforce de faire de la jeune Mauresque une femme digne de l'affection qu'elle inspire.

Camyrrha n'a pas voulu quitter Mascara, où elle dit qu'elle est nécessaire aux pauvres et aux souffreteux. On la voit rarement à l'église, mais le docteur la rencontre souvent au chevet des malades qui réclament ses soins. Mlle Masvert et Mme Coignet sont chaque jour mises à contribution par l'inépuisable charité de cette femme qui, seule maintenant dans la maison de la rue du Chéliff, y vit avec une sobriété cénobitique et consacre au soulagement de toutes les infortunes la meilleure part du bien-être que lui a assuré la générosité de ses bienfaiteurs.

Éthel voyage en France avec le général Durand et sa femme. Elle est de la famille : elle en partage toutes les joies et toutes les anxiétés. Quand le courrier du Mexique est en retard, ce n'est pas elle qui témoigne le moins d'impatience. Elle a appris à se servir des cartes géographiques et suit avec intérêt la marche de l'armée. Pendant le siége de Puebla, quand quatre ou cinq courriers arrivèrent sans apporter la nouvelle de ces succès rapides auxquels sont habituées les armes de la France, les transes de tous ceux qui avaient des parents chéris engagés dans cette guerre lointaine redoublèrent.

Ethel déploya pour celle qu'elle appelait sa seconde mère tous les trésors de tendresse que contenait son jeune cœur. Elle rendit en consolations affectueuses une partie des bienfaits qu'elle avait reçus, et montra, sans se douter de ce qu'elle faisait, quelle femme rare et précieuse elle serait pour l'époux auquel elle donnerait son affection.

Blessé assez grièvement au combat de San Lorenzo, Octave fut renvoyé en France. Pour ne point inquiéter ceux qui l'aimaient, il eut le courage, dans ses lettres, de ne parler ni de sa blessure ni de son retour. La traversée, du reste, l'avait complétement remis sur pied. Il arriva à l'improviste parmi les siens, et entra chez sa sœur au moment où elle lisait un rapport officiel dans lequel il était question de lui. Éthel était auprès de la comtesse, et toutes les deux fondirent en larmes en le voyant et se jetèrent dans ses bras. L'extrême joie pleure comme la douleur.

Maintenant encore un mot et cette histoire sera close.

Depuis quelques jours les amis de la famille ont reçu des lettres qui annoncent le prochain mariage du commandant Octave de Kessigny, officier de la Légion d'honneur, avec Éthel-ben-Djelloun.

Avril 1864.

FIN.

UNE
FRANCE LOINTAINE.

EXCURSION

DANS LE SOUDAN ET EN ABYSSINIE.

UNE
FRANCE LOINTAINE.

EXCURSION
DANS LE SOUDAN ET EN ABYSSINIE.

n ne cesse de dire, et en France plus que partout ailleurs, que le Français n'est pas de race colonisatrice, qu'il craint sans cesse de s'éloigner du foyer domestique, de s'arracher aux lieux où s'est écoulée l'enfance, où dorment les parents du sommeil éternel, où sont nées et se sont épanouies les

premières amours. Comme tant d'autres, c'est là une de ces maximes qu'il faut renvoyer où se tassent les vieilles erreurs. Quand on regarde notre globe avec des yeux non prévenus, quand on l'étudie sans parti pris, on est étonné de trouver la France partout, et souvent jusque dans les profondeurs des pays les plus mystérieux. Pour nous, que cet examen séduit depuis plus de vingt ans, et qui, en conséquence, avons compulsé les récits de tous les voyageurs et contrôlé tout ce qui a pu se dire dans les journaux, les revues, les correspondances, les sociétés de géographie, de commerce et d'industrie sur les chercheurs d'aventures et les poursuiveurs d'inconnu, nous sommes arrivé à cette conviction que nulle race européenne n'est plus exploratrice que la race française. Partout où des hommes vivent, la France, sous un prétexte quelconque, va où est allée. Dans tout le haut Orient, avant les grandes expéditions qui ont établi des relations régulières entre ces contrées et les régions occidentales, elle était représentée par de nombreux enfants perdus qui y faisaient es fondations de toute sorte. Seulement, il faut bien le reconnaître, c'étaient là des efforts individuels, et les gouvernements avec leurs visées étroites et mesquines ne virent pas toujours de bon œil ces tentatives et ces essais, comme s'ils eussent redouté à l'avance les embarras que pourrait leur causer un jour la protection réclamée dans l'intérêt de la nationalité. Tout autre est, nous le savons, la politique séculaire de l'Angleterre, par exemple. Mais notre but n'est pas d'établir un parallèle, ni surtout de récriminer. Bornons-nous donc à constater un fait et à renverser d'un coup de pied une notion fausse.

Aujourd'hui, nous voulons seulement dire quelques mots de l'une de ces petites Frances lointaines que l'étude nous révèle chaque jour, et la faire sommairement connaître à nos lecteurs.

Quand on remonte le Nil qui, comme on sait, coule en Égypte du sud au nord, par delà les cataractes et les antiques et vénérables débris des sanctuaires de Philœ et d'Éléphantine, dans un pays qui n'a plus d'égyptien que le nom et la domination, on trouve la ville de Khartoum. C'est une agglomération de constructions modernes dont la prospérité rapide, mais éphémère, a été due à un caprice des vice-rois d'Égypte. Ils avaient voulu en faire le centre du commerce du Soudan et des hautes régions que baignent les diverses branches du Nil, lorsqu'il se bifurque. En conséquence, ils n'avaient rien négligé pour hâter le développement et l'accroissement de la cité neuve. Nous devons dire qu'elle est bien tombée dès que les faveurs princières se sont retirées d'elle, et les jours de la décadence sont déjà venus.

A quinze journées de marche, en chameau, au-dessous de Khartoum, toujours vers le sud, se trouve une contrée que les indigènes appellent le Boghos. C'est une vaste région qui confine au Soudan et au nord-est de l'Abyssinie. Jusque dans ces derniers temps, ce pays était absolument inconnu. Les voyageurs tels que John Hanning Speke, le capitaine Grant, Miani et cent autres qu'il serait superflu de nommer et d'énumérer ici, qui de Khartoum ou du voisinage s'en allaient vers le Nil Blanc, le Nil Bleu, tous les Nils du monde, à la recherche des sources de plus en plus problématiques du fleuve mystérieux, évitaient avec un soin scrupuleux le Boghos. Car fort loin, à la ronde, il jouissait de la plus triste et de la plus mauvaise des réputations. Ses habitants passaient pour anthropophages. C'était effrayant rien que d'y penser. Le mot, l'idée seule suffisait pour glacer d'épouvante les troupes égyptiennes cantonnées dans le Soudan. Elles n'osaient s'aventurer contre de semblables hommes qui, grâce à cette sombre renommée, restaient à l'abri des incursions déprédatrices, des razzias de ces brigands qui n'ont de soldat que le nom. Or, ces populations sont de deux sortes, toutes deux de race sémitique. Il y a les Barias et les Basens. Ces derniers, plus vulgairement connus sous le nom de Changallas, sont les seuls sur lesquels pesât le terrible soupçon. Aussi n'ont-ils pas eu à souffrir des Égyptiens. On n'en peut pas dire autant des Barias que rien ne protégeait. Dans maintes et maintes circonstances, les Égyptiens se sont précipités sur les tentes des Barias, (dont le nom s'écrit aussi Baréa, Bahria ou Ba'ria, pour imiter la prononciation indigène), avec la rapidité et la rapacité sauvage du vautour qui fond sur sa proie, et ils n'ont laissé derrière eux que des souvenirs de massacres, de pillage et de dévastation.

Eh bien! c'est au milieu de ces peuplades, c'est dans un coin perdu de ces terres lointaines, qui n'avaient encore été foulées par le pied d'aucun voyageur européen, qu'on voit flotter le drapeau de la

France. Il faut avoir voyagé à l'étranger, au loin surtout, pour savoir ce que peuvent dire aux yeux, à l'esprit et au cœur les couleurs nationales. On croit trop généralement que les soldats seuls ont la religion du drapeau. Tout homme social a voué instinctivement un culte à ce symbole de la terre natale, de la famille grande et petite, de l'honneur national. Il porte constamment ce sentiment dans son cœur. Si, dans les circonstances ordinaires de la vie, on ne le voit guère parce qu'il ne fait pas explosion à tout propos, il n'en saurait être de même lorsqu'on se trouve éloigné des siens, hommes et choses. Le drapeau, c'est la patrie absente subitement rendue. Devant ce point de ralliement, les divergences d'opinion sont bien petites; les intérêts qui divisent paraissent bien mesquins. Sous les plis de l'étoffe symbolique, on sent qu'un même sang coule dans les veines. Le désert disparaît; on rentre dans la famille, on a retrouvé des frères.

C'est à Kouffith, au milieu des Barias, que le drapeau de la France a été planté sur un vaste établissement qui, nous l'espérons, aura un bel avenir. *Six mille* hectares de terres arrosables, c'est-à-dire donnant annuellement trois moissons, *douze mille* n'en donnant qu'une seule, telle fut la première acquisition. Après avoir noblement porté l'épée, le comte R. Du Bisson partit, il y a quelques années, avec une centaine de compagnons, tous anciens soldats, hommes d'une intrépidité éprouvée, et habitués par nos guerres et nos chasses d'Afrique à l'amour de l'inconnu, et surtout de l'imprévu. Où allaient-ils? à la découverte d'abord; mais à coup sûr ils allaient servir la France et la civilisation. Ils étaient de ceux qui donnent un but élevé et moralisateur à toutes leurs entreprises. Ames inquiètes, esprits aventureux, mais cœurs dont la droiture marche toujours de pair avec la bravoure.

Ayant pris langue en Égypte, ayant

même fait entrer dans quelques-unes de ses vues le vice-roi, qui prodiguait en ce moment les protections et les encouragements, le comte R. Du Bisson remonta le Nil, dépassa Khartoum et se rendit propriétaire de la contrée sur laquelle il voulait fonder sa colonie et son exploitation. Il fut très-bien accueilli par les peuplades indigènes, qu'il aurait considérées comme barbares et sauvages s'il avait prêté une oreille trop crédule aux récits qu'on lui faisait complaisamment dans le Soudan. Les Barias lui fournirent même des auxiliaires fort utiles pour ses travaux de construction et de culture. Par contrat, ils s'engagèrent à mettre journellement à la disposition des nouveaux venus *huit cents* travailleurs et cent charrues attelées. Quand les jours d'épreuves arrivèrent, ils se montrèrent plus civilisés que les Égyptiens, pour lesquels la foi jurée n'est qu'un vain mot dès qu'ils trouvent un intérêt quelconque à la violer. Les Barias, au contraire, se sont toujours montrés dévoués et attachés aux Français, qui les traitaient avec loyauté. Autour de Kouffith, il y en a plus de *vingt mille;* ils vivent de la même vie qu'ils mènent depuis des siècles, mais ils sont prêts dans toutes les circonstances à donner leur concours, et même à prendre les armes pour repousser les agressions de l'ennemi commun. Ils ont été les principaux travailleurs de la colonie naissante, en trouvant dans ce voisinage des avantages dont ils ont bien vite deviné l'importance. Ils comprennent que ce qui les mettra le plus sûrement à l'abri des déprédations égyptiennes, ce seront les canons de campagne et les carabines rayées des Français.

II

n autre voisin, dont le comte R. Du Bisson a tenu essentiellement à conquérir les bonnes grâces, et il y est parvenu, c'est l'empereur d'Abyssinie Théodoros. Ce prince est légendaire aujourd'hui en Europe. Tout le monde connaît la gravure qui le représente, au milieu de ses lions familiers, prêt à donner ses audiences et à ses sujets et aux étrangers. Un diadème antique ceint son front et retient les cheveux dont les boucles ondoyantes et soyeuses retombent sur les épaules. A quelque point

de vue qu'on se place, ce n'est pas un homme vulgaire que Théodoros, et en Europe, avec ses qualités, il se serait fait une place au premier rang, tout comme un autre. En Abyssinie, il est le maître absolu, et c'est à son énergie et à sa vigueur qu'il doit ce pouvoir. Il ne l'a pas reçu de sa naissance et ne l'a pas conquis sans luttes. C'est pourquoi il sait et saura le défendre comme pas un, et contre les indigènes et contre les envahissements des étrangers.

S'installant militairement, comme il convenait à ses projets, le comte R. Du Bisson voulut aller au-devant de tous les commentaires que n'aurait pas manqué de faire une cour ombrageuse. Il noua tout de suite des relations avec les Abyssins, exposa ses plans avec la franchise d'un soldat qui croit que le moyen le plus sûr de ne pas être arrêté par un obstacle, c'est de marcher sur lui, et il eut la chance heureuse de se voir compris et traité sans défiance. Depuis lors, les bonnes relations n'ont pas été rompues. La petite France qui se formait entre le Soudan et l'Abyssinie n'a eu qu'à se louer de ce prince, qu'on nous représente constamment farouche au milieu de ses lions. Des lettres d'amitié ont été échangées; et celles du Negous ou Empereur sont scellées du grand sceau de l'empire, auquel le *lion passant* donne une signification amicale ou terrible, suivant qu'il a la tête droite ou renversée.

Le Négous a fait plus. En pur don, il abandonna tous les terrains incultes de l'Abyssinie, offrit les travailleurs, et mit à la disposition de M. Du Bisson, pour se défendre, un corps de troupes de *cinq mille* hommes. Ceci est important à remarquer. Car les Barias avaient jadis été conquis par Oubié, roi du Tigré, ou Abyssinie de l'Est. Il leur imposa un tribu, et lorsque Oubié fut vaincu par Théodoros, et dépouillé de ses États, les Barias ne se crurent pas dégagés et continuèrent à verser dans les trésors de l'Empereur la redevance fixée. Cette condition remplie, les Barias jouissaient de toute leur indépendance, étaient même exempts de fournir un contingent en temps de guerre et étaient libres de s'administrer d'après leurs lois et coutumes, sans que le gouvernement eût le droit de s'ingérer en rien dans leurs affaires. Ils se faisaient justice eux-mêmes; Théodoros ne devait que les défendre contre l'agression extérieure.

Telle était la situation, et il est bon de la préciser bien clairement.

Quel était le but poursuivi par le comte R. Du Bisson? Fonder une ville française dans les contrées qui avoisinent l'entrée méridionale de la mer Rouge. Ayant eu bien souvent l'occasion d'étudier le caractère français sur le vif, au milieu d'agglomérations d'hommes qu'il s'agissait de discipliner et de conduire à un but déterminé, le comte R. Du Bisson a remarqué que notre nation est militaire avant tout. Nous sommes un peuple de soldats, partant de chasseurs. Ce fut donc sur la chasse qu'on basa les premiers calculs pour assurer la prospérité de cette jeune colonie qu'on allait porter en plein pays inconnu. On entrait sur le domaine des hippopotames, des lions, des éléphants. La dépouille de ces grands animaux devait devenir une source importante de richesse, si on savait l'exploiter convenablement. L'hippopotame donne une graisse recherchée à l'égal de la graisse de la baleine; en outre, sa peau, découpée en lanières, sert à fabriquer ces *courbach* dont on fait en Égypte une consommation qu'ont constatée souvent avec horreur tous ceux qui ont voyagé dans ce pays ; cette peau sert également à recouvrir les boucliers que portent encore beaucoup de guerriers arabes. Il suffit de nommer l'éléphant; tout le monde sait que l'ivoire est un des produits les plus recherchés par tous les commerces du monde. Son abondance ne saurait jamais être une charge et causer une grande dépréciation. Quant aux lions, nous nous contenterons de les nommer. Pour l'instant, nous ne voulons qu'établir que, même au point de vue de la spéculation, on ne faisait point un mauvais calcul en croyant que, dans un pays plantureux et avec un semblable gibier, on pouvait espérer des résultats avantageux.

Parlons maintenant du pays. Il est temps de voir si le drapeau de la France est bien ou mal dans le Boghos.

III

Toute cette zone qui s'étend sur une longueur de trois degrés et une largeur d'un degré et demi, paraît être une terre de prédilection. Partout sa fertilité est admirable, et là où on établit l'arrosage et les irrigations, on fait deux ou trois récoltes par année. Un grand tiers des terres françaises sont dans ce cas. On pouvait choisir. A beaux deniers comptants, dans le bon, on a pris ce qu'il y avait de meilleur.

Le vaste domaine de Kouffith est situé sur les bords d'une rivière dont les eaux abondantes entretiennent incessamment la fécondité de toute la région. Avec fort peu de travail, la terre rémunère au centuple l'homme de la peine qu'il prend de la cultiver. Elle a des produits qui lui sont propres et qui, répandus et vulgarisés en Europe, pourraient développer et métamorphoser bien des mouvements commerciaux. Parmi ces produits nous citerons : l'ankolib, espèce de sorgho fort riche en matière saccharine ; d'après des expériences faites et faciles à renouveler, si quelqu'un se montrait incrédule, il pourrait remplacer avantageusement la canne des Antilles ; — le thef, espèce de blé qui donne une farine d'une blancheur éblouissante et d'un rapport considérable ; on peut l'employer sans bluterie ; — le douro, gros millet que les indigènes préfèrent au blé ; — l'oulga, grosse pomme de terre qui se multiplie étonnamment ; — du tabac de qualité supérieure ; — l'indigo, qui pousse partout ; — le café, dont les plants ont été rapportés de Moka;— aujourd'hui les grains sont exportés en Arabie, et de là ils se répandent dans toute l'Europe, sous le couvert et la marque commerciale de Moka que tout le monde connaît. Nous ne mentionnerons que pour mémoire plusieurs plantes oléagineuses qui donnent une huile excellente, un grand nombre de plantes textiles, et des fourrages de qualité supérieure, qui viennent partout en quantités considérables et sans la moindre culture.

Si maintenant nous entrons dans un autre ordre de produits du sol, nous trouvons que les bois de senteur, de teinture et de construction se présentent en vastes forêts dans le Boghos, et les essences sont de celles qui sont avidement recherchées par toutes les nations civilisées. Le gommier couvre d'immenses plaines. La plante à savon croît partout. On rencontre encore le baobab, qui, dans ces contrées où l'on ne connaît pas encore l'eucalyptus, mérite bien son épithète de géant du monde végétal; les mimosas de toutes les espèces et de toutes les qualités ; le kousso, l'acacia odoriférant, les sycomores, les figuiers domestiques; les jujubiers, dont quelques-uns d'espèce particulière et donnant des fruits délicieux ; les grenadiers, les citronniers, les orangers à l'état d'arbres de haute futaie; les dattiers, sur lesquels on fait deux récoltes annuelles ; les doums énormes qui appartiennent également à la famille des palmiers et qui donnent des fruits gros, ronds, semblables à des cocos et se présentant en régime au milieu du feuillage de l'arbre; le guidschtu ou arbre à crème; les bananiers, les oliviers, le cassia amara, la roncerasia Rousselleiana, qui n'a jamais été transportée en Europe; des arbustes odoriférants qu'il serait trop long d'énumérer et fastidieux de nommer en détail ; enfin l'euphorbe empoisonné, d'où l'on extrait une espèce de curare, et toutes les plantes grasses des tropiques.

On le voit, l'activité européenne peut

avoir beau jeu au milieu de toutes ces richesses végétales. Même ceux qui sont obstinément fixés au sol natal et ne veulent jamais jeter un regard curieux sur les horizons lointains, doivent convenir qu'un semblable pays n'est pas à dédaigner, et qu'il y a parfois du bon dans les poursuiveurs d'inconnu. Et nous sommes bien loin d'avoir tracé un tableau complet, d'avoir tout dit. Nous nous sommes laissé aller au hasard de la mémoire, n'ayant d'autre préoccupation que de donner une idée sommaire du pays que nous signalons.

La faune n'est pas moins riche que la flore. Nous avons déjà mentionné quelques grands animaux. A côté du lion sans crinière, la plus grande variété connue de l'espèce, on voit, dans les forêts et les clairières du Boghos, et y vivant en famille, le lion à crinière noire, la panthère, le léopard, le jaguar, le chat-tigre, l'animal à musc, bête féroce et terrible; toutes les espèces de singes, jusqu'au gorille; les hyènes rayées et tachetées ; les rhinocéros à deux cornes, l'hippopotame, l'éléphant aux gigantesques oreilles et à la défense pleine ; les buffles, qui parfois sont plus dangereux que les lions ; les courbans, petite espèce d'ours; l'antilope, l'arielle, la gazelle, les Beni-Azraëls, les onagres, les lynx, les sangliers, les chacals blancs, etc., etc. Pour une colonie de chasseurs, il y a sans cesse de quoi utiliser sa poudre et ne pas la jeter aux moineaux. Parmi les oiseaux, nommons, à côté des perdrix, des francolins, des pintades, les cigognes, les grues, les hérons blancs, les outardes, les canards, les oies du désert, les secrétaires, qui sont presque inconnus en Europe, l'oiseau rhinocéros qui attaque l'homme, les marabouts et tous les échassiers. Nommons encore les vautours, les aigles, les gypaëtes, les corbeaux blancs, enfin celui dont le nom aurait dû être le premier sous notre plume, à cause de sa taille et du profit qu'on en peut retirer, l'autruche. Tous ces animaux semblent avoir pris possession de ces contrées, comme d'un domaine à eux propre et péculier, tant ils y abondent. Il est vrai qu'avant l'arrivée dans le Boghos du comte R. Du Bisson et de ses compagnons, ils n'étaient guère troublés dans leur quiétude. Ils croissaient et multipliaient, n'ayant à redouter contre leur sécurité que la guerre faite aux plus faibles par les plus forts, et cette guerre n'était pas bien meurtrière; car le lion et la panthère n'ont jamais su faire provision d'antilope et de gazelle dans leur garde-manger.

En général, le fléau des pays amoureusement caressés par le soleil réside dans l'abondance des reptiles et des insectes. Au Boghos, si l'on voit beaucoup de crocodiles, qui ne sont pas du reste plus dangereux qu'en Égypte, on y rencontre peu de serpents. L'un de ceux-ci, grotesquement baptisé par les compagnons du comte R. Du Bisson du nom de serpent à plumes, est gros, court, et sa morsure est presque toujours mortelle. Les autres sont longs et minces. Très-rarement ils sont plus gros que nos couleuvres, mais leur longueur atteint parfois trois et quatre mètres. Quant aux insectes, un seul est dangereux. C'est une espèce d'araignée velue, jaune, à longues pattes. Elle est d'une audace excessive, s'attaque à tout ce qu'elle rencontre et n'hésite pas à poursuivre l'homme.

Tous ces détails, nous l'espérons, ne paraîtront ni indifférents ni superflus à quiconque s'intéresse au développement de la France à l'extérieur. La route frayée par le comte R. Du Bisson est ouverte. Mais avant de s'aventurer sur les domaines où l'imprévu se trouve à chaque pas, il est toujours bon de se renseigner, et on ne doit rien négliger sous prétexte de minutie. Au reste, le plus grand charme des récits de voyages n'est-il pas toujours dans ces mille détails qui nous permettent de juger en quoi les autres pays se différencient de celui que nous avons constamment devant les yeux?

Au Boghos, l'homme trouve tout de suite de nombreux auxiliaires. Parmi les animaux depuis longtemps domestiqués, il faut distinguer, outre le bœuf ordinaire, qui joue sur les confins du Soudan et de l'Abyssinie absolument le même rôle qu'en Europe, le bœuf à bosse dont la taille est élevée, la force très-grande, la chair excessivement savoureuse; une race de moutons sur le dos desquels un poil soyeux et abondant remplace la laine : cette toison pourrait présenter de grands avantages à nos industries de tissage; la chèvre au poil de gazelle; des chevaux de race excellente, d'Angola ou de l'Hedjaz, comme pays de provenance première, de taille courte, mais bien proportionnée, infatigables et sobres comme les chevaux du désert. L'âne est superbe. Les Barias le réservent pour servir de monture au riche ou au guerrier qui marche au combat. Enfin l'on trouve partout l'animal le plus précieux de ces contrées, le chameau. Je ne parle pas du dromadaire. Cette distinction qu'on fait trop souvent est puérile. Chameaux et dromadaires ne constituent pas deux variétés distinctes d'une même espèce. La bosse unique ou les deux bosses ne signifient rien. La même femelle produit des individus de l'une et de l'autre sorte. La distinction réside dans l'usage auquel la bête est destinée. L'une, le chameau, est l'animal de trait et remplace le cheval de somme. Le dromadaire est l'animal de course, le cheval de selle. Au Boghos, comme partout où on les rencontre, chameaux et dromadaires rendent d'éminents services. L'Europe n'a rien qui vaille un semblable domestique.

Parmi les productions minéralogiques, citons en première ligne la houille dont la colonie a découvert plusieurs gisements d'une richesse étonnante et d'une qualité éprouvée ; les mines de plomb argentifère d'un produit inconnu jusqu'à ce jour puisqu'elles donnent 11 pour 100; puis celles de fer, de cuivre, etc. Quant à l'or, si on en a ramassé dans les rivières quelques échantillons, aucune recherche jusqu'à ce jour n'a conduit à la source. Mais d'après les rapports des Arabes, interrogés avec soin, on est fondé à croire qu'il y a de nombreux placers.

Nous ne parlerons pas ici des pierres ou des marbres. Ces sortes d'exploitations ne se font qu'après la première œuvre accomplie. Les ingénieurs géologues arrivent lorsque la civilisation commence à sortir de l'état rudimentaire. Mais il suffit d'avoir mentionné des montagnes sur les frontières d'Abyssinie pour dire qu'il y a là des calcaires et du granit.

IV

Nous croyons en avoir assez dit pour faire comprendre l'importance de l'établissement que le comte R. Du Bisson est allé fonder à Kouffith, et quel parti on pourrait tirer de ce pays, hier encore inconnu. Il y a une vingtaine d'années, un écrivain célèbre, M. Méry, publiait un roman qu'on lisait avec avidité, mais en le considérant simplement comme un produit de l'imagination la plus féconde et la plus charmante de notre temps. Sans connaître le livre, le comte R. Du Bisson a réalisé dans le Boghos ce qui se lisait dans *La Floride*. Bien plus : les descriptions du romancier se sont trouvées exactes, et souvent nous aurions pu les citer textuellement, afin d'éviter nos sèches énumérations. Nos lecteurs nous le reprocheront peut-être, mais ils n'ont qu'à prendre le livre ; ils seront dédommagés.

Donc, sans négliger et en préparant l'exploitation agricole, le comte R. Du Bisson a surtout compté sur les chasses, et c'est pour cela qu'il s'est entouré des vaillants compagnons qui l'ont volontiers suivi dans toutes ses courses aventureuses. Dernièrement l'un d'eux, Florian Muck, trouvait la mort dans une chasse au lion, et c'est à propos de cette catastrophe, rapportée par les journaux d'Orient, répétée par tous les journaux de France et d'Europe, qu'on s'est demandé : Qu'est-ce que c'est donc que le Boghos, que Kouffith, que cette France lointaine, perdue au pied des montagnes d'Abyssinie?

Nous venons de le dire ; nous venons de faire connaître ce pays, qu'à la suite de son mari n'a pas craint de découvrir et d'explorer la comtesse Du Bisson. Elle a remonté le Nil jusqu'à Khartoum, et de là, c'est à dos de chameau qu'elle est arrivée jusqu'à Kouffith. Route longue, pénible, pleine de fatigues et de périls. C'était la seule que l'on connût et qui fût praticable au moment où le comte R. Du Bisson fit sa première exploration, lorsqu'il n'entendait autour de lui parler qu'avec terreur des peuplades du Boghos. Aujourd'hui, il connaît personnellement ces indigènes ; il a conclu avec eux des marchés et des traités d'alliance et d'amitié ; il leur a appris à respecter notre nom et notre drapeau ; il sait quels sont ceux auxquels il peut se fier. En cherchant, il sera donc peut-être facile de trouver une autre route moins longue et moins fatigante que celle de Khartoum.

C'est d'autant plus important que déjà cette entreprise coloniale se trouve avoir à traverser une crise terrible. L'Égypte, qui des bords de la Méditerranée, étend sa domination jusque dans le Soudan, élève des prétentions sur le Boghos et sur Kouffith. Sous prétexte qu'ils sont venus dans le pays, il y a quelques années, ils réclament le territoire comme leur appartenant, oubliant que la loi turque déclare que tout terrain abandonné dans le Soudan appartient à qui le fait valoir. Mais le soldat égyptien, dont la solde est loin d'être régulièrement payée dans ces contrées éloignées de tout contrôle régulier, se moque bien des lois les plus explicites. Pourvu qu'il puisse accomplir une razzia avantageuse, que lui importe? C'est ainsi qu'au mépris des capitulations et des traités, la colonie française a vu fondre sur elle un corps d'armée sous les ordres de Soleyman, wikil de la province. Ces soldats ont pillé, volé, détruit, dévasté. Les Français ont été obligés de se retirer à Kessalah. Espérons que justice sera promptement faite.

D'ordinaire les razzias égyptiennes ont pour but la traite des esclaves dont le marché principal est à Ghalabat, ville frontière qui dépend de la province de Khartoum. Les Égyptiens y ont garnison et prélèvent un impôt sur tous les esclaves amenés. A Ghalabat les droits sont de onze francs par tête, et on en vend de mille à treize cents chaque semaine. De là, on les emporte par la mer Rouge. Ils traversent toutes les villes du Soudan et chaque mudir prélève un droit tantôt en nature, s'il y a de belles esclaves, tantôt en argent.

Cet odieux trafic ne pouvait plus subsister une fois le drapeau de la France arboré au milieu de ces populations.

Tous les prétextes ont donc été bons pour tâcher de le faire disparaître.

Au reste, si le comte R. Du Bisson est le premier de nos contemporains qui ait pénétré et ait voulu s'établir dans cette région qui est le trait d'union du Soudan et de l'Abyssinie, il sait parfaitement que plusieurs Français ont déjà passé de nombreuses années chez les Gallas, vécu longtemps soit à Gondar, soit ailleurs, dans ce pays qui nous tend les bras depuis des siècles. Il connaît, entre autres, les œuvres accomplies par les frères d'Abbadie, et mieux que personne il leur rend justice. En toute circonstance, il proclame hautement ce qu'il doit à ses devanciers.

Ainsi que nous l'avons expliqué, après Khartoum il n'a suivi aucune route tracée, et c'est là qu'est son mérite. Il s'est jeté au milieu des dangers qu'on lui signalait avec l'audace du soldat. Et quand il a choisi Kouffith pour en faire le centre de ses chasses et de ses exploitations, il l'a fait en homme habitué aux grandes évaluations de terrain. Entre ses mains, ce domaine peut devenir un monde. Les Barias, avec leurs armes empruntées à l'arsenal du moyen âge, leur bonne volonté, leur aptitude au travail pourvu qu'on les guide, sont des auxiliaires éminemment précieux. Mais encore faut-il qu'on trouve un itinéraire présentant autant de sécurité que tous les grands chemins de l'univers. Aujourd'hui surtout, c'est indispensable. Nous voulons bien courir le monde, mais à une condition, c'est que le retour ne soit jamais fermé, et que les communications restent toujours faciles. Nous rions volontiers quand nous voyons brusquement rentrer au gîte un homme du monde qui s'improvise voyageur, qui fait dire partout qu'il s'embarque pour les pays les plus extravagants et qui revient sur ses pas après un séjour de quelques semaines à Alexandrie d'Égypte. Mais au fond nous trouvons qu'il a raison, s'il ne se sentait pas la puissance de pousser l'aventure jusqu'au bout. Les erreurs les plus courtes sont toujours les meilleures, surtout quand on a le courage et la bonne foi de les confesser avec ingénuité.

Le comte R. Du Bisson n'est pas de ceux qui s'arrêtent à mi-chemin. Avant d'entreprendre, il a réfléchi mûrement. Mais la résolution prise, il ne sait plus reculer. La partie est engagée, il faut qu'elle soit jouée. Qu'importent les difficultés? Avec de la persévérance, de la loyauté et de l'énergie, on saura bien les vaincre et les réduire à néant. Or, la plus grande de toutes que rencontrera cette France lointaine, est la route qu'il faut suivre, qui a été suivie pour arriver à Kouffith. Eh bien! en jetant les yeux sur la carte, on voit qu'en s'embarquant à Suez, après avoir fait escale à Kosséir et à Soakin, on pourrait s'arrêter dans la baie d'Anseley à Massawah, près des ruines de l'ancienne Adoulis. Sur ce point, on ne se trouverait plus qu'à quinze ou vingt lieues du Boghos et de Kouffith. Qui sait? là peut-être est l'avenir.

Septembre 1865.

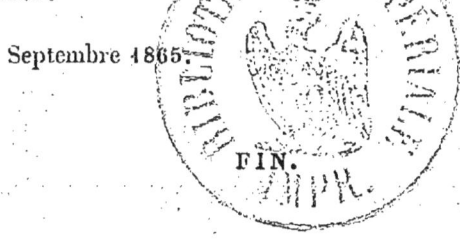

FIN.

8547 — Imprimerie de Ch. Lahure, rue de Fleurus, 9, Paris.

LIBRAIRIE DE L. HACHETTE ET Cie
Boulevard Saint-Germain, 77, à Paris.

NOUVELLE PUBLICATION

BIBLIOTHÈQUE
DES MERVEILLES

DIRIGÉE

PAR M. ÉDOUARD CHARTON

ENVIRON 100 VOLUMES

illustrés de nombreuses gravures.

Prix de chaque volume broché : 2 francs.

La reliure en percaline se paye en sus, avec tranches jaspées, 75 cent.; avec tranches dorées, 1 fr.

Nous appelons « merveilles » ce qu'il y a de plus admirable dans la nature, dans les sciences, dans l'industrie, dans les arts, dans l'histoire, dans l'homme, dans tout ce qui est digne de notre intérêt en dehors de nous et en nous-même.

Depuis les métamorphoses de la petite graine en fleur ou de la chenille en papillon jusqu'aux évolutions sublimes des astres, combien de beautés à contempler, à admirer, à essayer de comprendre dans l'immense panorama de la nature !

Depuis les premières observations de quelques hommes de génie dans l'antiquité, les Aristote et les Archimède, jusqu'aux prodigieuses découvertes, nées hier sous nos yeux et l'honneur de notre siècle, applications de la vapeur, de l'électricité, ou de la chimie, que d'admirables éclairs de l'intelligence humaine, que de conquêtes glorieuses sur l'ignorance primitive de notre espèce ! Qui pourrait, sans être ému, sans être pénétré de respect et saisi d'admiration, entrer dans ce cercle des sciences qui va s'élargissant sans cesse, et, de siècle en siècle, tend de tous les points de sa circonférence vers l'infini !

Dans l'industrie, comment ne pas admirer tant de nombreux témoignages de la puissance humaine en lutte avec la nature, soit qu'on la suive cherchant l'or, le fer, la houille dans les entrailles de la terre, soit qu'on la contemple à l'œuvre dans ces fournaises éblouissantes, dans ces ruches laborieuses, usines et fabriques, où, nuit et jour, des essaims d'hommes font subir à la matière les transformations nécessaires à l'accroissement de notre bien-être, de nos forces, et au perfectionnement de nos moyens d'action.

Et quelles merveilles que ces chefs-d'œuvre des arts, peinture, sculpture, architecture, musique, ou poésie, dont les inspirations variées sont pour nous l'intarissable source de surprises si charmantes et de si doux ravissements !

D'autre part, les grands enseignements de la vie humaine ne sont pas moins dignes de captiver notre attention. L'histoire surprend notre âme par ses vicissitudes, l'élève et l'enthousiasme par l'exemple de ses héroïsmes, en même temps que cette âme elle-même nous attire et nous étonne par ses instincts étranges, par ses facultés parfois si extraordinaires, par ses passions si généreuses ou si terribles.

Qu'il serait à plaindre celui qui, au milieu de tant de merveilles, se sentirait froid et impuissant à admirer !

L'admiration pour tout ce qui a une véritable grandeur est la plus noble de nos facultés et aussi la plus heureuse, car c'est celle qui a le plus de sujets de se satisfaire, sans mélange d'amertume, d'envie, ou d'aucun des sentiments qui abaissent ou altèrent la dignité de notre nature.

Il n'y a que deux sortes d'états de l'âme où l'on puisse concevoir qu'il ne se trouve point de place pour l'admiration : une ignorance extrême comparable à celle des êtres inférieurs à l'homme, qui, quelle que soit l'intelligence qu'on veuille leur donner, très-probablement n'admirent guère ; ou l'orgueil d'un esprit aride, qui se condamne volontairement à l'indifférence, à l'impassibilité, imaginant sans doute que ne paraître surpris de rien est une marque de supériorité, et que ne point résister à l'enthousiasme est une faiblesse.

Laissons-nous aller, simplement, naturellement, aux délicieux enchantements qui rayonnent de toutes ces magnificences de l'univers, de toutes ces beautés et de tous ces progrès de la civilisation, qui nous font aimer le don de la vie, nous aident à supporter nos épreuves, nous consolent de nos misères, et nous inspirent la confiance qu'un jour l'étincelle sacrée qui est en nous deviendra flamme et notre petitesse grandeur.

Et ainsi entraînés, élevés par notre admiration, cédons à l'attrait et au charme qui ne sauraient manquer de faire naître en nous le goût et la volonté de nous instruire. Quoi de plus simple que d'aspirer à étudier et à connaître ce que nous admirons ! Et ne craignons pas que l'étude et la connaissance affaiblissent en nous le don et le bonheur d'admirer. Il y a aussi une admiration, dit Joubert, qui est « fille du savoir [1]. »

Loin de nous assurément la pensée de critiquer l'emploi de méthodes plus sévères pour répandre et populariser les connaissances utiles à tous les hommes. Mais n'est-ce pas au moment où, grâce à l'accroissement rapide des écoles et des cours publics,

---

1. Pensées, essais et maximes.

un grand nombre de nouvelles intelligences s'entr'ouvrent à la curiosité d'apprendre, qu'il est opportun et utile de montrer les pentes agréables et faciles qui conduisent aux premières études des sciences et des arts. La raison suffira bien pour enseigner ensuite que des efforts plus sérieux deviendront nécessaires lorsque le goût, une fois né, aura communiqué aux esprits la persévérance et l'énergie d'application sans lesquelles, en effet, on ne saurait s'approprier une instruction solide et suffisamment complète.

Voilà le but que nous nous proposons d'atteindre par cette série d'ouvrages dont nous avons commencé la publication ; voilà ce que veut exprimer, annoncer et conseiller notre titre ; voilà la conviction et l'espérance que partagent les professeurs, les savants, les littérateurs qui se sont groupés autour de nous, animés qu'ils sont, ainsi que nous, du désir de seconder l'heureux mouvement qui porte aujourd'hui toutes les classes de la société vers l'instruction.

A peine est-il utile d'ajouter que celui qui écrit ces lignes et qu'on a bien voulu charger de la direction de cette encyclopédie nouvelle, ne négligera rien de ce que lui a enseigné l'expérience et de ce que lui commande son dévouement à la grande cause de l'instruction, pour rendre la *Bibliothèque des merveilles* aussi digne qu'il lui sera possible de l'estime publique. Chacun de ces petits volumes, d'un prix peu élevé, étant imprimé à quelques milliers d'exemplaires seulement pour chaque édition, il sera facile de les tenir incessamment au courant de tous les progrès des sciences et des arts. C'est ce qu'on ne peut pas faire aisément dans les volumineuses encyclopédies, stéréotypées ou non, dont les articles, enchaînés en quelque sorte les uns aux autres, ne sauraient être modifiés ou renouvelés qu'à de très-longs intervalles. Les lacunes, presque inévitables, seront de même comblées sans aucune difficulté dès qu'on le jugera utile. De nos jours l'esprit humain va vite : il faut le suivre d'un pas agile : le service que doivent rendre ces recueils encyclopédiques est de résumer, pour le plus grand nombre des lecteurs, la science du passé, ce qu'y ajoute le présent, et d'ouvrir aussi quelque perspective de ce qu'il est permis d'entrevoir dans l'avenir.

Edouard CHARTON.

1er janvier 1866.

BIBLIOTHÈQUE DES MERVEILLES

OUVRAGES DÉJA PUBLIÉS :

Les *Merveilles célestes*, par M. Camille FLAMMARION, auteur de la *Pluralité des mondes* ;

Les *Métamorphoses des insectes*, par M. GIRARD, vice président de la Société d'entomologie ;

Les *Merveilles du monde invisible*, par M. W. DE FONVIELLE.

Les *Merveilles de l'atmosphère* (*les météores*), par MM. ZURCHER et MARGOLLÉ ;

Les *Merveilles de l'architecture*, par M. André LEFEBVRE ;

Les *Merveilles de l'art naval*, par M. RENARD, bibliothécaire du Dépôt des cartes et plans du ministère de la marine.

OUVRAGES QUI PARAÎTRONT PROCHAINEMENT :

Les *Éruptions volcaniques et les tremblements de terre*, par MM. ZURCHER et MARGOLLÉ ;

Ascensions célèbres aux plus hautes montagnes du globe, par les mêmes ;

Les *Merveilles de la chaleur*, par M. le professeur CAZIN ;

Les *Merveilles des plages de la France*, par M. A. LANDRIN ;

Les *Merveilles de l'aérostation*, par M. Camille FLAMMARION ;

Les *Éclairs et le tonnerre*, par M. W. DE FONVIELLE;

Les *Merveilles de la verrerie*, par M. SAUZAY, conservateur du musée Sauvageot, au Louvre;

Les *Merveilles souterraines*, par M. A. BADIN;

Les *Merveilles de la végétation*, par M. F. MARION;

Les *Merveilles de l'optique*, par le même;

Les *Merveilles de la céramique* (première partie : *Orient*), par M. A. JACQUEMART, auteur de l'histoire de la *Porcelaine* ;

Les *Merveilles des ruines et des tombeaux*, par M. Michel MASSON;

Les *Merveilles du corps humain*, par M. le docteur LE PILEUR.

Les *Merveilles de la vie des plantes*, par M. BOCQUILLON, professeur de botanique au lycée Napoléon ;

Les *Merveilles de l'instinct des animaux*, par M. Ernest MENAULT ;

Les *Merveilles de l'hydraulique*, par M. DE BIZE;

Les *Merveilles de l'électricité*, par M. BAILLE;

Les *Merveilles des fleuves et des ruisseaux*, par M. MELLET.

11553 — Imprimerie générale de Ch. Lahure, rue de Fleurus, 9, à Paris.

LIBRAIRIE L. HACHETTE ET Cⁱᵉ
BOULEVARD SAINT-GERMAIN, 77, A PARIS

NOUVELLE COLLECTION DE ROMANS
FORMAT IN-18 JÉSUS
A 3 FRANCS LE VOLUME

Achard (Amédée). Les Coups d'épée de M. de la Guerche. 2 vol.
— Le Duc de Carlepont. 1 vol.
— Les Fourches caudines. 1 vol.
— Madame de Sarens. 1 vol.
Barbara. Ary Zang. 1 vol.
Bell (Georges). Ethel. 1 vol.
Berthet (Élie). Les Catacombes de Paris. 2 vol.
— Le Juré. 1 vol.
— Les Houilleurs de Polignies. 1 v.
Braddon (Miss M. C.). OEuvres traduites de l'anglais avec l'autorisation de l'auteur, par Ch. Bernard-Derosne (*Aurora Floyd* est traduite par Mᵐᵉ Bernard-Derosne). 15 vol.

    Chaque roman se vend séparément :
    Aurora Floyd. 2 vol.
    Henry Dunbar. 2 vol.
    Lady Lisle. 1 vol.
    La Trace du Serpent. 2 vol.
    Le Capitaine du *Vautour*. 1 vol.
    Le Secret de lady Audley. 2 vol.
    Le Testament de John Marchmont. 2 vol.
    Le Triomphe d'Éleanor. 2 vol.
    Ralph, l'intendant. 1 vol.

Chancel (Ausone de). Le Livre des Blondes. 1 vol.
Deslys (Charles). L'Héritage de Charlemagne. 1 vol.
— La Majorité de Mademoiselle Bridot ; la fille du rebouteur. 1 vol.
Dickens (Charles). Les Grandes Espérances, roman traduit de l'anglais. 2 vol.
Douglas-Jerrold. Sous les Rideaux, traduit de l'anglais. 1 vol.
Énault (Louis). En Province. 1 vol.
— Irène ; — Le mariage impromptu ; Deux Villes mortes. 1 vol.
— Olga. 1 vol.
Erckmann-Chatrian. L'ami Fritz. 2ᵉ édit. 1 vol.

Fabre (Ferdinand). Mademoiselle de Malavieille. 1 vol.
Féval (Paul). Les Habits noirs. 2 vol.
— Cœur d'acier. 2 vol.
— Annette Laïs. 2ᵉ édit. 1 vol.
— Roger Bontemps. 1 vol.
— Les Gens de la noce. 1 vol.
Forgues (E. D.) Austin Elliot. 1 vol.
— Sandra Belloni. 1 vol.
Frémy (Arnoult). Les Batailles d'Adrienne. 1 vol.
Gaskell (Mrs). Les Amoureux de Sylvia, traduction de l'anglais. 1 vol.
Gautier (Th.). Caprices et zigzags. 3ᵉ édit. 1 vol.
Gonzalès (Emm.). L'Épée de Suzanne. 1 vol.
Hawthorne (Nathaniel). La Maison aux sept pignons. 1 vol.
James (Constantin). Toilette d'une Romaine au temps d'Auguste et conseils à une Parisienne sur les cosmétiques. 2ᵉ édit. 1 vol.
Janin (Jules). Les Oiseaux bleus. 1 vol.
— Le Talisman. 1 vol.
La Beaume (Jules). Colette. 1 vol.
Masson (Michel). Les Drames de la conscience. 1 vol.
Mouy (Charles de). Le Roman d'un homme sérieux. 1 vol.
Reybaud (Mᵐᵉ Charles). Valdepeiras. 1 vol.
Robert (Adrien). Le Combat de l'honneur. 2ᵉ édit. 1 vol.
Saintine (X.-B.). Jonathan le Visionnaire. 1 vol.
Serret (Ernest). Neuf Filles et un Garçon. 1 vol.
— Le Prestige de l'Uniforme. 1 vol.
Valrey (Max). Les Confidences d'une puritaine. 1 vol.

Imprimerie générale de Ch. Lahure, rue de Fleurus, 9, à Paris.

www.ingramcontent.com/pod-product-compliance
Lightning Source LLC
Chambersburg PA
CBHW070607160426
43194CB00009B/1216